인류통찰

인류통찰

"우리 영혼은 시간을 늘려 지구에서 체험하는 중이다"

『인류통찰』은 인간과 인류에 대한 깊은 사유(思惟)를 위한 책이다. 일상적인 삶을 살다 보면 우리는 스스로의 사유나 통찰보다는 매스미디어가 무작위로 전해 주는 관념을 장착하고, 당장 눈앞에 닥친 일들을 처리하느라 깊이 있는 사유를 할 시간이 없다.

깊은 사유나 통찰은 인생의 목적지를 설정하게 만들고, 내면을 다지는 커다란 질량을 가진 보이지 않는 영혼의 양식이 된다. 그럼에도 불구하고 우리는 깊이 있는 생각보다는 감각의 정보나 찰나의 즐거움만을 따라가려 한다.

남들이 만들어 놓은 생각, 남들이 만들어 놓은 관념을 따라 살길 원하며 영혼의 양식보다는 물질적 양식을 더 추구한다. 육체는 물질적 양식으로 살지만, 영혼은 정신적 양식으로 산다. 이 책은 정신적 양식을 주는 책이다.

한 번쯤 우리를 둘러싼 관념들이 어떻게 만들어졌는지, 그 안에서 우리는 무엇을 깨달아야 하는지, 곰곰이 생각하는 시간을 가져볼 필요가 있다. 왜냐하면 이런 생각들이 나의 인생 기로에 서서 선택을 할 때 큰 힘이 되기 때문이다. 이렇게 오래 깊이 생각하면서 본질의 힘을 꿰뚫다 보면 어느덧 자신도 모르게 영혼 질량이 차오르는 것을 느낄 것이다. 정보들이 하나둘 모이고, 생각에 생각이 더해져 자신만의 길이 생기는 것이다. 이러한 통찰은 선택의 순간에 좀 더 현명한 선택을 할 수 있는 질량을 만들어 낼 것이다.

이 책은 당신이 미처 생각하지 못했던, 혹은 생각은 했으나 확신이 들지 않았던, 이런 생각들에 힘을 불어넣고 한 번쯤 다른 각도의 생각을 할 수 있게 만들어 줄 것이다.

우리에게 벌어지는 사건들은 다각도에서 보아야 전체 모습이 보이고 깨달음이 생긴다. 사물을 한 각도가 아니라 다양한 각도에서 바라보고 깊이 생각하며 그 본질을 꿰뚫는 것이 바로 통찰의 힘이다.

인생이라는 시간은 유한하고 각자에게 주어진 시간 속에서 우리는 많은 경험과 많은 깨달음을 얻는다. 바쁘게 일을 하면서 인생을 산다 해도 언젠가는 혼자만의 시간이 다가오고, 판단하고 선택해야만 하는 순간을 맞이하게 된다. 이때 필요한 것이 바로 통찰의 힘이다.

통찰이라는 것을 어렵게 생각하지 마라. 통찰은 본질의 힘을 깨닫는 것이다. 본질의 힘을 알면 관념의 허상을 알게 되고 더 이상 관념적으로 살지 않게 된다. 비로소 영혼이 원하는 삶을 살게 되는 것이다.

남들이 만들어 놓은 길을 걸어가는 것은 쉽다. 그러나 새로운 길을 만드는 것은 어렵다. 저마다 자신만의 인생을 멋지게 그려나갈 수 있게, 이 책은 당신에게 통찰의 힘을 조금이나마 나눠 줄 수 있을 것이다.

- 태라 전난영 -

목차

* 문명통찰 *

* 과학통찰 *

목차

인류통찰

* 인간통찰 *

인간의 성격

인간의 영역 1

인간은 동물과 신의 중간 영역에 있다.
심장 위쪽은 하늘을 향하고,
심장 아래쪽은 땅을 향해 있으며,
동물적 본능과 신의 영성을 모두 포함하고 있는 중간자이다.

인간의 영역 2

인간은 귀와 신의 중간 지대에 머문다.
신은 위로 떠 있고, 귀는 아래로 가라앉는다.
가벼운 것은 위로 뜨고, 무거운 것은 아래로 가라앉는다.
신에게는 하늘로 올리는 향을 피우고,
귀신에게는 땅으로 던지는 고시레를 한다.
고시레는 땅에 던지는 귀신의 밥이다.

인간의 욕구

인간은 위를 경험해 보면 다시는 아래의 것을 선택하려 하지 않는다. 물건도 한번 좋은 것을 써보면 그다음에는 그에 준하는 물건을 찾으려 하는 것이 인간 본연의 욕구이다.

인간의 욕망

더 좋은 것, 더 편한 것, 더 럭셔리한 것, 더 가치 있는 것을 추구하려는 욕망이 인간의 문명을 발전시켜 왔다.

다 아는 사람

다 아는 사람은 말이 없고,
일부만 아는 사람은 자신이 믿는 것만 말하고,
아무것도 모르는 사람은 아무 말이나 지껄인다.

싸가지 없는 사람

싸가지가 없고 재능이 뛰어난 사람에게 싸가지를 빼면 그 재능도 사라진다. 싸가지 또한 그 사람의 아이덴티티를 만드는 중요 요소 중 하나이기 때문이다.

양심 있는 사람

양심이 있는 사람은 함부로 행동하지 못한다.
양심이 없는 사람은 흔들리지 않는다.
양심에 흔들리는 사람은 양심이 있는 사람이다.

고집 센 사람

고집이 장점이 될 때도 있고 단점이 될 때도 있다.
고집으로 자신만의 분야를 이룩한 사람도 있고,
고집으로 망한 사람도 있다.

자존심이 센 사람

자존심이 센 사람은 팔자가 세다. 쉽게 갈 일도 어렵게 돌아가기 때문에 팔자가 센 것이다. 여러 번 인생에서 깨지다 보면 더 이상 부릴 자존심이 없어진다. 자존심을 놓았을 때 비로소 도움의 손길이 다가온다.

팔자가 센 사람 1

팔자가 센 사람일수록 고집을 부리지 말아야 한다.
고집을 꺾는다고 자존심이 무너지는 것은 아니다.
고집은 꺾더라도 비굴해지지는 말아야 한다.

팔자가 센 사람 2

팔자가 센 사람들은 사고를 쳐도 크게 치고, 일을 해도 크게 하며, 크게 먹고 크게 망한다. 팔자가 센 사람들이 개인적인 욕심으로 살면 팔자가 더 사납게 된다. 따라서 팔자가 센 사람들은 공적으로 살아야 빛을 발할 수 있으며 나를 위해 살지 말고 남을 위해 살아라.

기운이 큰 사람

기운 큰 사람이 변화해야 할 때 변화하지 못하고 머물러 있으면 일반인보다 하늘의 벌을 크게 받는다. 우주의 주재자가 있다면 재능 낭비라 생각할 것이기 때문이다. 스스로 그 길을 못 찾으면 사건·사고를 터지게 해서라도 반드시 그 길을 가게 만든다.

머리가 좋은 사람

머리가 좋은 사람이란, 정보저장력이 좋거나 정보통합력이 좋거나 정보분석력이 좋은 사람들이다. 이들은 무엇이든 받아들이고 배우는 데 열심이다.

머리가 좋지만 게으른 사람은 자만하기 쉽고,

머리가 좋은데 성실하면 금상첨화요,

머리가 나쁜데 성실하지도 않으면 가난을 면치 못한다.

머리가 나쁜데 게으르기까지 하고 거기에 자존심만 세다면 갈 길이 아직 멀다.

착한 사람

착하다는 것은 사람들에게 만만해 보인다는 뜻이다. 사람들은 대체로 착한 사람을 좋아한다. 왜냐하면 무엇이든 잘 들어줄 것 같아 보이기 때문이다. 우리는 착한 사람이 아니라 분별 있고 지혜로운 사람이 되어야 한다.

우유부단한 사람 1

우유부단한 사람들은 양극단의 상황을 두려워한다. 결정하지 못하고 시간을 계속 지연시키다가 극한의 상황을 맞이하게 되어 어쩔 수 없는 선택의 시간을 마주하게 된다.

우유부단한 사람 2

우유부단한 사람에게 다가오는 양극단성의 악마 같은 사람은 당신을 죽이러 오는 사람이 아니라 도와주려고 오는 사람이다. 우유부단한 사람에게는 양극단의 검을 가진 사람이 귀인이다.

선택 장애

이것이냐 저것이냐 선택에 장애가 있는 사람은 의존적인 사람이 많다. 누군가가 강하게 밀어붙이면 따라간다. 스스로 선택을 안 하고 누군가가 대신 선택을 해 준다면 맞이하는 결과에 대해 회피할 수는 있으나, 남 탓의 씨앗을 키우는 것은 막을 수 없다.

일복이 많은 사람

일복이 많은 사람은 두 가지 경우가 있다.
1. 거절을 못 해서 남의 일을 떠맡는 사람
2. 남에게 일을 못 맡겨서 일이 많은 사람

첫 번째는 타인에 의해 노예가 되는 형국이고
두 번째는 완벽성을 바라기 때문에 스스로 노예를 자청하는 형국이다.

천재인가? 정신병인가?

천재들은 일반인과는 다른 파장대에 머문다. 약간의 정신병과 천재의 경계선에서 오락가락한다. 신의 영역은 인간영역의 관념으로는 이해될 수 없는 영역이기 때문에 천재는 인간적 관점에서는 정신병자처럼 보일지라도, 신의 영역에서 새로운 에너지를 가지고 인간 세상으로 내려오는 신의 대리자이다.

천재가 되는 순간

천재가 되는 순간은 천재의 재능을 알아보는 이가 나타났을 때 비로소 천재가 된다.

4차원 인간

4차원 인간의 장점은 생각 자체가 독특하고 비상식적이기 때문에 창조성과 발명이 필요한 곳에서 두각을 나타낸다. 반면에 단점은 본인의 생각이 일반적으로 통용되지 않기 때문에 의사소통에 문제가 발생할 수 있다.

똘끼인간

똘끼란, 예측 불가능한 행동을 말한다. 똘끼의 경우 여러 가지 패턴이 있는데, 숨겨져 있던 피해의식이 터져 나오면서 발생되는 똘끼가 있고, 4차원적 인간이 독특한 생각을 행동으로 옮길 때 나타나는 똘끼가 있다.

첫 번째 똘끼는 숨겨져 있던 감정의 폭발이고,
두 번째 똘끼는 예술적, 혹은 영감적 똘끼이다.

만능인간

이것도 잘하고 저것도 잘하고 다 잘하는 사람을 우리는 '만능'이라 부른다. 어릴 때는 만능인 아이들이 인기가 많다. 어릴 적 인기 많은 아이들이 커서는 별로 성공하지 못하는 것을 많이 봐 왔다.

만능인 아이들이 성공하지 못한 이유는 이것저것 조금씩 다 잘해서 특출나게 뛰어난 것이 없기 때문이다. 차라리 잘하는 것이 없어서 조금 잘하는 재주를 살려 끝까지 올인한 사람이 오히려 성공하는 경우가 많다.

완벽한 인간

완벽한 인간은 자기 기준이 높은 사람이다. 이런 사람은 자기 자신을 비롯한 주변 사람들을 피곤하게 만들지만 나오는 결과물은 만족스럽게 나온다.

정성과 공이 많이 들어간 아이

어릴 때부터 정성과 공이 많이 들어간 아이는 자신에 대한 자존감이 우월한 반면, 그 반대의 아이들은 자신에 대한 비관과 피해의식이 형성된다. 어떻게 자라느냐에 따라서 에너지의 도가 넘치기도 하고 부족해지기도 한다.

신기 있는 사람 1

신기가 있는 이들은 기감(氣感)이 발달했다. 기감이란 기운을 감지하는 감(感)으로, 무당계, 예술계, 연예계에 종사하는 사람들에게 잘 나타난다. 그래서 이들은 예민하고 변덕스러운 특징을 가지고 있다.

신기 있는 사람 2

신기(神氣) 있는 사람들은 자신에 대한 관심이 많다.

신기가 없는 일반인들은 세상이 만들어 놓은 관념 속에서 자신의 안위에 의식이 맞추어져 있다. 예를 들면 돈을 벌어 좋은 집을 사고 편안함과 안락함, 그리고 인생의 즐거움을 찾는 것에 의식파장이 맞추어져 있다.

그러나 신기로 움직이는 사람들은 끊임없이 '나'라는 존재에 대한 의구심을 품는다. 또한 인생 자체가 롤러코스터를 타는 사람들이 많다. 그만큼 그릇도 크고 움직임도 크기 때문에 실패를 해도 크게 하고, 성공을 해도 크게 하는 법이다.

신기 있는 사람 3

사람을 상대하는 업종은 모두 신기의 기운을 배우는 곳이다. 신의 에니지는 인간을 동해 내려오고, 인간을 통해 해원하려 하기 때문이다.

영업하는 사람

영업은 사람 마음을 움직이는 사람들이다. 사람 성향에 따라, 사람 급수에 따라, 천차만별 욕망과 바람이 다르다. 따라서 영업은 사람 마음 기저에 움직이는 그들 욕망이 무엇인지, 그들이 필요로 하는 것이 무엇인지 알아야 한다. 그래서 이들은 사람을 상대하면서 도를 닦고 있는 중이다.

개천에 용나는 사람

개천에 용나는 사람은 바닥부터 돌을 쌓기 시작해야 하기때문에 그만큼 더 많은 노력이 필요하겠지만 한번 무너지더라도 다시 복구할 수 있는 여력과 경험치를 가지고 있다.

개천에 용나는 사람은 높이 치고 올라가서 가문의 급수를 올려놓는 과제가 부여된 것이기 때문에 가문의 1세가 된다.

인간의 외모

타고난 외모

타고난 외모는 전생의 결과이고,
변하는 외모는 이생의 결과이다.
이생의 삶이 다음 생의 외모를 결정짓는다.

얼굴은 마음의 반영

얼굴은 곧 마음의 반영이며, 그 사람이 살아온 인생의 흔적
을 고스란히 보여준다. 사랑을 받으며 살아온 인생인지, 고생
속에 살아온 인생인지, 얼굴에 그대로 드러난다. 우리는 관상
가가 아니더라도 누구나 사람을 만날 때, 자신만의 촉을 세운
다. 저 사람이 나와 맞는 사람인지, 아니면 안 맞는 사람인지,
호감이 가는지, 안 가는지, 서로를 살핀다. 그래서 첫인상이
중요하다. 첫인상으로 상대를 어느 정도 가늠하려 하기 때문

이다. 인상을 쓰고 있는 얼굴, 불만이 가득한 얼굴, 욕심이 많은 얼굴, 일이 안 풀리는 얼굴 등은 관상가가 아니더라도 그냥 보면 대부분 알 수 있는 것들이다.

얼굴은 인생명함이다

얼굴은 자신을 드러내는 인생명함이기에 찡그린상, 우죽상, 불안걱정상은 바르게 고쳐나갈 필요가 있다. 좋은 표정만으로도 인생명함은 수정할 수 있다.

균형감 있는 얼굴

잘생기고 못생기고를 떠나서 균형 있고 바른 얼굴은 반은 먹고 들어간다. 평범하게 생긴 얼굴이어도 균형이 맞고 바른 얼굴에 자신감과 당당함이 갖추어져 있다면 사람이 멋있어 보인다. 당당함은 그 자체로 사람을 고귀하게 만드는 힘이기도 하다.

좋은 관상

좋은 관상이란, 눈에 띄게 잘생기고 예쁜 것을 말하는 것이 아니다. 얼굴의 생김새가 전체적으로 조화롭고 균형이 맞으면 좋은 관상이다.

관상과 운

관상은 자신의 운에 따라 변한다. 운이 하락할 때는, 얼굴 빛깔이 칙칙해지고 전반적으로 우울하고 찡그린 인상으로 변한다.

운이 상승할 때는, 얼굴 빛깔이 밝아지고 밝은 기운에 웃는 상으로 변한다. 즉 자신의 에너지 상태를 고스란히 보여주는 것이 바로 얼굴이다. 자신의 얼굴을 들여다보고 그때그때 자신의 기운을 점검하는 것도 자신의 기운을 다스리는 좋은 방법이다.

돈을 담는 외모

돈을 담는 외모는 따로 있다. 풍채가 넉넉할수록 돈을 담는 그릇이 커지고, 콧구멍이 안 보일수록 돈을 지키는 힘이 강하고 콧구멍이 들릴수록 돈이 잘 나간다. 다르게 해석하면 콧구멍이 안 보이는 사람은 인색하고, 콧구멍이 보이는 사람은 돈을 잘 쓴다. 그래서 돈을 담는 외모는 코와 풍채를 봐야 한다.

미남미녀의 기운

연예인처럼 태어났다면, 사람을 집중시키는 힘을 타고 태어난 것이다. 아주 예쁜 미인이나, 아주 잘생긴 미남이나 모두 사람들의 시선을 빼앗는다. 이런 사람들의 말과 행동은 사람들에게 미치는 파급력이 매우 크기 때문에 말과 행동을 특별히 조심해야 한다.

눈에 잘 띄는 외모

눈에 잘 띄는 외모를 가진 사람들은 대중에게 본을 보여야 하는 역할이 있다. 눈에 잘 띄지 않는 외모를 가진 사람들은 실제로도 눈에 띄지 않는 곳에서 일을 하고 있다. 전면에 나서는 사람은 눈에 띄는 외모를 가진 사람들이다. 많은 사람들에게 잘 보여야 하기 때문에 이목구비가 크고 뚜렷해야 한다. 그래서 연예인들이 눈을 크게 하고 코를 높여 성형을 하는 것이다.

얼굴을 바꾼다는 것은

성형을 통해 얼굴을 바꾼다는 것은 자신의 타고난 팔자를 바꾸겠다는 의지이다. 우리의 얼굴은 자신의 기운을 온전히 담아내어 태어났다. 자기의 얼굴은 자신이 타고난 역할을 하기에 최적의 조건을 가지고 태어나는 것이다. 그냥 복권 당첨되듯 얼굴을 받는 것이 아니라 가문 대대로 이어오는 카르마가 얼굴에 고스란히 드러나며, 자신의 카르마와 역할을 위해 최적의 얼굴을 하고 태어난다.

상은 업에 따라 바뀐다

곱상하게 태어난 사람도 험한 일을 하면 험한 상으로 바뀌고, 험한 상으로 태어난 사람도 곱게 자라면 귀티가 나는 법이다. 즉 살면서 자신이 무슨 일을 하느냐에 따라 얼굴 관상이 바뀔 수 있다.

관상은 노력으로 바꿀 수 있다

얼굴이 예뻐도 매력이 없는 사람이 있고, 금방 질리는 사람이 있다. 이유는 내면에 든 것이 없어서 몇 마디 말을 하면 금방 실체가 드러나기 때문이다. 사람은 생긴 대로 살게 마련이지만 마음가짐을 바르게 하고 바뀌려고 노력한다면 관상은 바뀔 수 있다.

얼굴이 못났다면

얼굴이 조금 못났다면 말투를 세련되게 하거나 혹은 패션 감각을 주거나 다른 곳에서 매력을 만들어야 한다. 자신만의 고유한 매력을 개발해 나가는 것도 좋은 방법이다.

얼굴값을 해야 하는 사람

사람은 사람을 만날 때, '저 사람은 믿을 만한 사람인가?' 혹은 '나에게 도움이 되는 사람일까?'를 먼저 가늠한다. 그리곤 믿어도 된다고 판단되면, 자신의 정보들을 꺼내놓기 시작한다. 관상을 못 본다 하더라도 은연중에 우리는 관상을 보고 있다. 외모가 잘 빚어지고 인물이 바르게 잘 태어난 사람은 얼굴값을 해야 한다. 얼굴값을 해야 하는 사람은 인생을 바르게 살아야 하고, 바르게 살아야 그 얼굴을 그대로 유지할 수 있다.

잘 빚어진 사람, 못 빚어진 사람

잘 빚어진 사람도 힘든 인생을 사는 사람이 있고, 못 빚어졌어도 잘 사는 사람이 있다. 잘 살고 못 살고는 외모가 좌우하는 것이 아니라 그 사람의 근기가 좌우한다. 못생겨도 행복을 느끼며 사는 사람이 있는가 하면, 잘생겨도 불행한 사람이 있기 마련이다.

왕의 얼굴

전생에 왕이라도 해봤던 사람이 현생에 태어난다면, 왕의 자태는 가지고 태어난다. 전생으로부터 이어진 행동과 습성이 현생에도 그대로 반영된다. 왕의 얼굴은 왕다운 자태와 품격을 지니고 있어야 한다. 용기와 담대함 그리고 배짱을 지니고 있어야 하기에 불기운이 강하다. 불기운이 강한 사람은 대체로 쌍꺼풀이 없는 예리한 눈에 턱이 발달되어 있다. 턱이 발달되어 있으면 권력욕이 강하며 지기 싫어하는 성격을 가지고 있다.

용의 얼굴

왕의 얼굴을 용안(龍顔)이라고 하는데, 용의 얼굴을 닮았다고 보면 된다. 예리하고 매서운 눈은 세상을 보는 통찰력을 갖게 하고, 인중이 길어야 인복이 있으며, 코는 바르고 곧아야 하며, 턱이 발달되어 있어야 한다. 귀는 덕을 갖추고 있는 것이며, 전체적으로 곧고 바른 얼굴이어야 한다. 용의 얼굴은 약간 화난 듯한 얼굴로 불의 기운을 품고 있는 얼굴이다.

왕의 품격

왕은 선과 악을 동시에 품고 있어야 한다. 왕으로서의 품격이 갖추어진 사람은 사람들이 함부로 대할 수도 없을뿐더러 그 아우라가 매우 좋다. 또한 사람을 복종하게 만드는 묘한 힘을 가지고 있어 그 사람 앞에 서면 왠지 복종해야 할 것 같은 느낌을 준다.

봉황과 현자

옛말에 이런 말이 있다. 봉황은 나뭇가지를 가려서 앉고, 현자는 주인을 가려 섬긴다. 무릇 품격 있는 사람은 그 기개와 자존감이 스스로를 존귀하게 만드는 법이다.

인간의 품격

말의 진동

자신의 생각은 말과 행동으로 드러난다. 아무리 감추려 해도 아무리 안 드러내려 해도 말과 행동은 그 사람 그릇 크기만큼 보여주는 법이다. 어떤 사람은 말로 복을 짓고 어떤 사람은 말로 화를 부른다. 말이라는 것이 매우 중요한데 말은 나에게서 나오는 독특한 진동이기 때문이다. 말이라는 것은 나의 환경을 만들어 가는 매우 중요한 수단이 된다.

긍정의 말, 부정의 말

긍정적인 말은 긍정의 에너지를 불러오고, 부정적인 말은 부정의 에너지를 불러온다. 이것은 에너지 법칙인데, 말과 행동에 의해 나의 에너지 환경이 만들어지기 때문이다. 어떤 사람은 말 한마디로 더 많은 것을 얻어가고, 어떤 사람은 말 한

마디로 많은 것을 잃는다. 말은 그 사람의 의식만큼 나오는 법이며, 말과 글을 통해서 그 사람의 의식 수준을 가늠할 수가 있다.

럭셔리와 고귀함

인간의 정신은 물질을 고귀하게 만들고, 물질의 고귀함은 인간을 정갈하게 만든다. 인간의 념(念)이 물질에 들어간 만큼 물질에는 인간의 에너지가 스민다. 그 물질을 귀하게 만드는 것도 인간이요, 천하게 만드는 것도 인간이다. 돈이 많이 들어간 물건일수록, 재료가 귀한 물건일수록, 공이 많이 들어간 물건일수록, 인간은 그 물건을 귀하게 다루게 되고, 이러한 물건은 또다시 인간을 고귀하게 만든다. 럭셔리할수록 재료는 고귀하고 디자인은 정적이며 단순하다.

아우라

사람의 의식이 진화하면 아주 우아한 품위와 보이지 않는 권위가 나온다. 그 좋은 예가 지구에 다녀간 성인들이다. 의식이 고차원화되면 그 고차원의 모습은 보이지 않는 품격에서 드러난다.

사자 무리에서도 대장 수사자는 그 모습을 봐도 아우라가

느껴지듯이, 인간도 품격이 높으면 보이지 않는 아우라가 뿜어져 나온다. 아우라는 부드럽고 우아하며 사람을 따르게 만드는 보이지 않는 힘을 가지고 있다.

눈에 띄는 아우라

눈에 띄는 아우라를 타고났다면 어쨌거나 '바르게 살라'는 표식이다. 눈에 잘 띈다는 것은 그만큼 사람들을 주목시키는 힘이 있다는 뜻이다. 그 힘을 바르게 쓰면 좋은 효과를 낳지만, 잘못 사용하면 바로 양날의 검처럼 작용한다.

진품과 위조품의 차이

진품과 위조품의 차이는 그것을 대하는 사람의 마음에 달렸다. 진품이 가진 힘은 당당함이요, 위조품은 그 물건 속에 숨겨진 초라함이다. 믿는 사람의 마음이 진품과 위조품을 만드는 것이다. 물론 귀한 것도 귀하게 다루지 않으면 위조품만 못하게 된다. 좋은 물건이 좋은 물건으로서의 가치를 하려면 그 물건의 진가를 알아보는 사람을 만나야만 그 물건이 빛날 수 있는 법이며, 사람도 이와 마찬가지다. 자신을 알아봐 주는 사람을 만날 때 스스로 빛날 수 있다. 마치 별처럼 비추어 줄 때 그 빛을 받아 별이 더욱 빛나는 법이다.

프레스티지 1

프레스티지(Prestige)는 나와 남 사이의 격차를 나타낸다. 이 격차라는 것은 물질적인 것일 수도 있고, 정신적인 것일 수도 있다. 물질적인 면에서 살펴보면, 타고난 물질적 환경, 혈통, 지위, 계급 등이 그 사람의 프레스티지를 만든다.

정신적인 면에서 살펴보면, 프레스티지는 그 사람이 가지고 있는 생각, 이상, 비전, 사상 등이 나를 상대와 차별화시키는 자신만의 프레스티지를 만든다. 나를 남과 다르게 보이게 만드는 그 무엇! 이것이 프레스티지이다.

프레스티지 2

사람들이 상대를 파악할 때 가장 **빠른** 방법은 겉으로 드러난 신분과 외형이다. 그러나 요즘 같은 시대에는 특정 신분을 타고났다 하더라도 그 사람이 하는 말과 행동에 따라 그 사람의 프레스티지가 달라진다. 사람들은 특정 사람의 행위나 업적을 가지고 그 사람을 칭송하기도 하고 존경하기도 한다. 많은 사람에게 칭송과 존경을 받는 사람은 자신감을 갖게 되고, 더 나아가 자기 확신을 갖게 되며, 자기 확신은 신의 에너지를 당기게 된다. 이것이 곧 신이 만들어지는 과정이다.

위대한 작품의 탄생

힘들 때, 가난할 때, 어려울 때 명곡이나 작품이 탄생된다. 사람이 배가 부르면 창조적인 발전보다는 현재 상황에 안주하려는 속성이 있기 때문에 가난할 때, 어려울 때, 작품들을 많이 만들어 내는 것이 필요하다. 가난 속에서 창작이 꽃피는 법이다.

절박함 속에서 재능이 꽃핀다

풍요로운 환경에서는 노력하지 않아도 자연이 주는 양분을 먹기만 하면 되지만, 척박한 환경 속에서는 스스로 살아남아야 하기에 자신의 재능을 살려 먹고 살아야만 한다.

마찬가지로 돈이 주어지지 않은 사람에게는 재능이 주어지고, 돈이 주어진 사람은 재능이 약하다. 재능은 척박함과 절박함 속에서 탄생하는 단련의 결과이기 때문이다.

자기 품위를 만든다는 것은

품위(dignity)는 스스로를 사랑할 때 만들어진다. 내가 나를 사랑하지 않는데 어찌 남이 나를 사랑하겠는가? 내 안에 있는 영혼의 힘을 일깨울 때 위대함의 기적이 일어난다.

인간의 감정

두려움

두려움은 아무것도 모를 때 발생하는 마음이다. 상대가 가진 힘의 정도를 가늠하지 못할 때 두려움에 휩싸인다. 그러나 힘을 가늠하고 나면 어느 정도 견적이 나오게 된다. 따라서 정보를 쥐고 있는 자가 우위에 설 수밖에 없다. 해뜨기 직전의 어둠이 가장 어둡고 두려운 법이다.

약점

약점이란 자신이 감추고 싶은 비밀이다. 감추면 감출수록 약점의 에너지는 자신을 파고든다. 그래서 약점은 사람 운신의 폭을 제한하게 만든다. 약점을 잡은 사람은 약점을 빌미로 노예처럼 부리거나 이용하려 한다. 약점을 극복하려면 약점을 밖으로 드러내는 수밖에 없다. 약점을 외부로 드러내는 순간 수많은 저항과 지탄은 있겠지만 영혼이 담보로 잡히진 않는 다. 약점을 빌미로 상대를 조종하려는 사람과 약점이 빌미가 되어 상대에게 종속되는 사람은 이미 한배를 타고 움직일 수 밖에 없는데, 이렇게 약점으로 엮인 운명공동체도 있다.

자존감의 크기

자존심이란, 남에게 굽히지 않고 스스로의 가치나 품위를 지키려는 마음이 자존심이다. 즉 스스로 자존감의 크기를 알 아야 자존심을 부릴 수가 있다.

자신의 그릇 크기가 큰 사람이 남 밑에 숙이고 들어가는 것 은 정말 힘든 일이다. 그런데 자신의 그릇 크기가 크다고 착각 하는 사람은 자존심을 부리는 것이 아니라 고집을 피우는 중 이다.

자존심과 팔자

자존심이 세다는 것은 기가 세다는 말이다.
기가 센 사람은 팔자가 세다.
팔자가 센 사람은 고집도 세다.

자존심과 고집의 차이

자존심은 지키려는 마지막 마음이고, 고집은 지키려는 마음이 지나쳐 착이 된 것이다. 자존심은 부려야 할 때와 부리지 말아야 하는 때가 있는 법이다. 이때를 잘못 맞추면 자존심은 똥고집이 되어버린다.

자만심

자만심은 자존감이 도가 넘쳐 나오는 과한 마음이다.

호기심

호기심은 잔잔한 호수에 던져진 돌처럼 마음에 던져진 파장이다.

열등감과 피해의식

열등감이나 피해의식은 스스로 느끼는 마음이지 상대가 느끼는 마음은 아니다. 열등감이나 피해의식은 스스로 극복해야 하는 상처이다.

집착과 욕심

집착과 욕심은 과한 마음의 상태이다.

집착과 욕심은 인간 감정의 결핍으로부터 생겨난다.

욕심은 결핍을 충족하고 난 뒤 더 가지려고 하는 마음이고, 집착은 욕심의 마음을 붙이는 접착제이다.

욕심의 접착제

욕심의 접착제가 만들어지면 주변 유무형의 에너지들이 달라붙는다. 이렇게 집착과 욕심의 마음이 일정 한계선을 넘어가면 인간 의지로 어찌해 볼 수 없는, 각종 사념과 귀신의 욕망이 덧붙여진 이성으로 통제 불가능한 상태로 넘어간다. 이때부턴 호랑이 등에 올라탄 상황이 된다.

인연에 대한 집착

연인에 대한 집착과 가족에 대한 집착은 잡으려 할수록 멀어진다. 각각의 개체 에너지가 있기 때문에 서로의 개별성을 이해하고 존중해야 한다.

외롭다와 심심하다의 차이

외롭다는 '감정적 결핍'의 상태이고,

심심하다는 '정신적 결핍'의 상태이다.

직감

직감이란, 에너지 기운 상태를 읽는 것을 말한다. 사람은 직감을 통해 상대를 읽는다. 상대가 현재 어떤 상태인지, 좋은지 나쁜지, 걱정이 있는지, 우환이 있는지 등등 물어보지 않아도 감으로 어느 정도 잡을 수 있다. 이런 정도는 우리 한민족 유전자를 타고난 사람들은 대략 알 수 있는 감(感)들이다.

감(感)

감(感)이 발달한 사람들은 상대방의 감정에 상당히 민감하고 예민하다. 그리고 사람들의 반응에 쉽게 상처받기도 한다.

유혹

유혹은 자력 에너지를 자기중심으로 끌어당기는 힘이다. 유혹의 덫에 걸리면 최면에 걸리듯 끌려 들어간다. 자신의 의지와 상관없이 무엇엔가 홀린 듯 빨려 들어간다. 치명적인 독을 가진 사람일수록 유혹의 힘은 강하다. 독을 품고 있는 꽃이 아름다운 것처럼 강한 독은 강한 인력을 가지고 있다.

정 1

정이란 너와 내가 모두 순수할 때만이 통할 수 있는 마음의 나눔이다. 그러나 정이라는 마음이 운명을 묶어놓기도 한다. 정 때문에 상대방에게 묶여 있는 사람도 있고, 정 때문에 뒤돌아서 칼 맞는 사람도 있으며, 정 때문에 가야 할 길을 가지 못하는 사람도 있다.

정 2

정은 충만과 여유 상태에서 나오는 마음이다. 결핍의 상태에서 나오는 것은 정이 아니라 에너지 쟁탈이다. 정과 에너지 쟁탈을 착각하지 말라! 정은 스스로 우러나는 마음이고, 에너지 쟁탈은 뺏고 빼앗기는 전쟁이다.

정에 약해지는 순간

정에 약해지는 순간 힘의 균형은 '상대'에게 넘어간다. 정에 약해지는 순간 자신의 '마음'을 내어주면서 상대에게 끌려들어 간다. 정은 카르마의 블랙홀로 끌려 들어가는 주원인이 된다.

인간의 정신

관념

관념이란 많은 사람에게 통용되는 의식이다. 관념이란 시간
이 흐르면서 변화한다. 어떤 생각이 죄가 되던 시절이 있었고,
죄가 안 되는 시절이 있었다.

멘탈체

멘탈체는 인간 무의식과 연결된 고차원 에너지를 말한다.
육체를 둘러싸고 있는 아스트랄체 그리고 아스트랄체를 감싸
고 있는 에너지체를 멘탈체라고 하는데, 멘탈체는 섬세한 에
테르로 이루어진 고급 에너지체이며, 육체는 가장 조악한 밀
도체이다. 이 멘탈체는 인간의 집단무의식과 연결되어 있다.
아스트랄체가 혼(魂)과 연결되어 있다면, 멘탈체는 영(靈)의 바
다와 연결이 되어 있다.

집단무의식과 연결된 멘탈체에서 특정 에너지 파동이 우리의 아스트랄체로 들어오게 되면 우리의 뇌는 에너지 파동을 이미지로 바꾸어 나타내주는데 이것이 꿈속에 나타나는 이미지이다.

기운(氣運)

기운을 안으로 품는 사람이 있고 밖으로 배출을 하는 사람이 있다. 안으로 품는 사람은 병에 걸리기 쉽고, 밖으로 배출하는 사람은 사건·사고에 휘말리기 쉽다. 안으로 품는 사람은 자신을 죽이고, 밖으로 배출하는 사람은 남을 친다.

기(氣) 싸움에서 지는 자

형제 중에 질병이 있는 경우, 그 형제가 어느 형제와 기 싸움을 했는지 살펴보면 된다. 기 싸움에서 밀리는 경우, 형이라 할지라도 시름시름 앓게 되며, 더 발전하면 지병으로 발전한다. 동물들도 형제들 간의 기 싸움을 하고, 이 싸움에서 지는 쪽은 병을 얻거나 일찍 죽는다. 부부간에도 마찬가지다.

질병이 생기는 계기를 살펴보라! 처음에는 스트레스나 화가 쌓이고 쌓여 어느 임계점에 도달했을 때 큰 싸움 한 번으로도 병이 발생한다. 즉 그동안 누적된 것에 한 빙울의 물이 엎

어지면 물이 넘치듯, 질병도 탁한 기운이 쌓이고 쌓여 터지는 것이다. 대체로 부부간에 기 싸움에서 지는 쪽이 병을 얻게 되어 있다. 양심이 발동하는 쪽, 좀 더 착한 쪽, 즉 기 싸움에 눌리거나 지는 쪽이 병을 얻게 되어 있다.

병은 나를 돌아보라는 신호

나에게 닥치는 모든 어려움 또한 나를 돌아보라는 신호다. 몸의 신호를 읽고 나면 마음을 돌아보아야 한다. 나에게 막힌 것이 무엇인지, 내가 풀지 못한 숙제가 무엇인지, 자신의 문제점을 찾으라는 소리이다.

병을 낫게 하는 것은

병을 낫게 하는 것은 약이 아니라 사람의 마음이다. 병을 만든 것도 병을 치유하는 것도 사람 마음 한 곳에 달려 있다. 모든 병의 근원은 마음에서 기원한다. 마음의 상처는 육체에 표시를 내고 있다. 아무리 감추려 해도 몸은 마음을 있는 그대로 드러낸다.

치유는 이해로부터 시작된다

치유는 스스로 자신이 이해되어야 한다. 이해가 될 때 변화가 시작되고, 변화가 시작되면 절반은 성공한 것이다.

상처가 있다는 것은 결핍이 있다는 것이며, 결핍은 메꾸려는 속성 때문에 그에 상응하는 반대 기운을 과도하게 끌어당긴다.

치유 받는 자와 치유하는 자가 사랑이나 카르마로 엮이는 순간, 서로가 치유하고 치유 받는 상호관계가 되어버린다.

│ 치유 받는 자, 치유하는 자

치유하는 사람들(의사, 상담사, 치유가 등등) 중에는 스스로 치유 받아야 하는 사람이 많다. 스스로 아파보고 경험한 뒤 치유자의 길로 걷는 사람도 있으며, 치유를 받기 위해 스스로 치유의 길로 들어선 사람도 있다.

│ 병원이라는 곳의 영적 의미

병원은 카르마 정산소이다. 그동안 밀렸던 영혼의 빚을 단시간에 탕감할 수 있는 곳이기도 하다. 병에 걸린 사람, 병을 간호하는 사람, 병을 치유하는 사람, 각자 자신에게 할당된 채무 관계로 움직인다.

사람이 죽어서 가져가는 것

사람이 죽어서 가져가는 것은 기억보다는 '마음에 새겨진 감정정보'이다.

에너지 불균형

에너지가 과하면 자만과 교만을 낳고, 에너지가 부족하면 비관과 피해의식을 낳는다. 과한 것도 부족한 것도 모두 에너지의 불균형이다. 에너지의 불균형은 모순을 낳고 모순은 우리 의식을 묶어놓는 카르마를 형성한다.

자기관리

자기관리의 노력은 급수를 올리기 위한 출발점이다. 위로 올라갈수록 '절제의 도'를 배우게 되어 있다. 절제에는 노력이 필요하다. 절제한다는 것은 내 본능적 속성을 내 의지로 제어한다는 뜻이다. 과한 것을 줄이고, 부족한 것은 채워 균형상태로 만들어야 가장 좋은 컨디션을 유지할 수 있다. 가장 좋은 컨디션에서 바른 분별과 바른 선택이 나올 수 있는 법이다. 나부터가 바른 분별, 바른 선택을 해야 주변이 맑아질 수 있다. 따라서 나를 갖추는 것의 시작은 자기관리로부터 시작된다.

도(道)

도는 내가 있는 자리, 바로 그곳에서 닦는 것이다. 공부를 하는 학생이든, 아르바이트를 하든, 서비스업을 하든, 장사를 하든, 그 속에서 나를 발견하는 것이다. 즉 나의 모순점과 단점 등을 발견하고 그것을 고쳐나가면서 성장하는 것이다.

지배하느냐, 지배당하느냐

상대의 마음을 읽는 사람은 그 상황을 지배하고, 상대의 마음을 읽지 못하는 사람은 그 상황에 지배당한다. 현재 장사나 서비스업에 종사하는 사람은 돈을 벌기보다는 지금 내가 도를 닦고 있다는 생각으로 접근하면 많은 도움이 될 것이다. 즉 상대 마음을 파악하는 도(道)이다.

현대의 도인

과거에는 도인들이 천안통, 천이통, 축지법이라는 도술을 썼다. 그러나 지금의 시대는 과학이 도인을 만드는 세상이다.

천안통은 인터넷으로 방 안에 앉아서 세상의 정보를 들여다볼 수 있고, 천이통은 전화로 지구 반대편과도 영상통화를 할 수 있고, 축지법은 자동차와 비행기라는 이동수단이 생겼다. 굳이 기술 문명의 시대에 이렇게 좋은 과학적 수단을 두고 과거 시대의 천안통, 천이통, 축지법을 배울 필요가 있겠는가?

지금의 시대는 그러한 도술을 배우는 시대가 아니라 구축된 도구들을 잘 쓰는 시대다. 지금 시대의 도인은 바른 분별력을 쓸 줄 아는 사람이다.

인간의 사회

조직의 힘

회사를 다니는 동안에는 회사조직이 나의 큰 보호막이 된다. 회사 보호막을 벗어나는 순간 정글 같은 세상에 뭐든 홀로 부딪쳐야만 한다. 조직이라는 보호막을 무시하지 말라! 어떤 조직이든 조직에 들어가는 순간, 보이지 않는 조직의 보호를 받는 것이다. 조직이라는 힘이 없이 성공하려면 자존심을 버리고 바닥부터 다시 시작해야 한다! 조직 안에 들어가든지, 조직을 만들든지, 힘의 시작은 여기서부터이다. 제아무리 회사의 임원이었다 하더라도 조직을 벗어나는 순간 백수가 된다.

보호막

보호막은 나를 지켜주는 뒷배경 같은 것이다. 가족이라는 보호막, 회사라는 보호막 등 여러 가지 보호막들이 있다. 그러나 이 보호막은 우리가 성장할 때까지만 유효하다. 성장이 끝나면 세상 밖으로 나가라고 밀어낸다. 이 세상은 큰 사람으로 하여금 현실에 안주하거나 머물게 만들지 않는다. 계속해서 변화 · 발전하라고 흐름을 만들어 가고 있다.

주도권

주도권을 쥔 사람은 앉은 자리에서 상대를 움직이게 할 수 있다. 그러나 주도권을 놓친 사람은 주도권을 쥔 사람에게 끌려가게 되어 있다. 여기에서 종속적 상황이 발생하는 것이다. 힘과 힘의 관계에서 힘의 차이가 많이 벌어질 땐 종속적인 관계로 흐르고, 힘이 대립할 땐 서로 팽팽한 기가 물러서지 않는 전선을 형성한다. 반면에 힘과 힘이 조화로울 땐 태극처럼 돌아가는 관계가 형성된다. 태극처럼 한쪽이 살짝 물러서 주기도 하고, 한쪽이 치고 나가기도 하며, 주고받는 흐름이 자연스럽게 이루어진다.

매 순간 면접

면접은 불현듯 찾아온다. 누군가를 만나서 이야기하고 대화하는 것은 일종의 면접이다. 상대와 인연을 맺을 것인가? 맺지 않을 것인가? 서로 생각을 맞추어 보는 가운데 우리는 면접을 보고 있다.

인연과 인연이 만나는 것 자체가 면접이고, 이 면접 속에서 나를 이끌어 줄 사람이 나타나는 것이다. 매 순간이 면접이라는 생각으로 항상 자신을 준비하고 있어라! 인연을 만나는 것 자체가 면접이 된다.

┃ 머리 쓰는 사람, 몸 쓰는 사람

머리 쓰는 사람이 몸 쓰는 일 못하고, 몸 쓰는 사람이 머리 쓰는 일 못하듯, 내가 머리를 쓰는 일을 할 것인가 몸 쓰는 일을 할 것인가부터 파악하는 것이 중요하다.

┃ 시대의식

너와 나의 생각이 쌓이고 쌓여 더 좋은 미래를 이끌어갈 생각들이 탄생하고 이것이 바로 '시대의식'을 이끄는 힘이 된다. 시대의식이란, 이 시대를 살아가고 있는 사람들이 이해하고 통용되는 생각들이다.

┃ 관념의 붕괴

시대는 빠르게 변하고 인간의 생각도 빠르게 변한다. 결코 변할 것 같지 않았던 일들이 지금 시대에는 모두 무너져 내리고 새로운 생각들이 자리를 잡고 있다.

제사를 목숨같이 지내던 시절이 있었고, 남자는 밖에서 일하고 여자는 내조를 하던 시절이 있었으며, 자식이라는 씨줄을 반드시 이어야 하던 시절도 있었다. 여자는 담배를 피우면 안 되던 시절도 있었고, 남자는 부엌에 얼씬거리지 않던 시절이 있었다.

그러나 지금은 시대의식이 바뀌었다. 여자와 남자의 역할이 바뀌기도 하고, 안 되는 것이 되기도 하고, 불과 20~30년 전에는 견고했던 생각도 지금은 꼭 정답이 아닌 것이 되었다. 그만큼 이 사회와 이 시대가 변화를 요구하고 있다.

| 시스템의 틀

우리의 의식은 신식인데, 이 시스템의 틀이 구식이라 아귀가 잘 맞지 않는다. 다르게 비유하자면 아이 때 신었던 신을 어른이 되어서도 신으라고 하면 발이 불편하고 안 맞듯, 지금 우리가 지배받고 있는 법은 우리의 의식이 성장하기 전의 시스템 틀이라는 점이다.

사람이 모두 성장하였으면 성장한 사이즈에 맞는 옷과 신발이 필요하듯, 우리에게 맞는 법과 시스템이 필요하다. 성장한 시대의식에 맞게 법이나 시스템의 틀이 바뀌어야 한다.

과학자와 의사의 차이

과학자의 직분과 의사의 직분은 다르다. 간단하게 과학자는 연구하는 사람이고, 의사는 치유하는 사람이다. 과학자는 실험과 연구를 통해 인류를 위한, 또는 우리 후손을 위한 미래를 만들어 가는 사람이라면, 의사는 현재의 인간을 치유하는 데 그 목적성을 둔다. 간단하게 다시 설명하자면, 과학자는 미래를 위한 연구자이고, 의사는 현재를 위한 치유자이다.

과학자의 조건

과학자는 인간의식을 초월하고, 인간 관념을 뛰어넘어야만 새로운 것을 창조하고 발명할 수 있다. 현재의 인간 관념에 묶여 있으면 절대 새로운 것을 창조할 수 없다.

과학자와 프랑켄슈타인

과학자는 프랑켄슈타인을 탄생시키는 선과 악을 모두 포함하고 있는 창조자에 비유할 수 있다. 이들에게 인간적 잣대와 인간적 관념으로 이야기한다면, 이들의 창조성을 없애버리는 것과 같다.

의사의 조건

의사는 철저하게 현실적이어야 한다. 현재 눈앞에 벌어진 상황을 진단해야 하고, 현재 눈앞의 상황을 처리해야만 한다. 그래서 의사는 현실주의자이고, 현재에 묶여 있으며, 현재를 살고 있다.

과학자와 의사의 시간

의사와 과학자는 머무는 시간 자체가 다르다. 의사는 현재의 시간에 머물고, 과학자는 미래의 시간에 머문다. 과학자는 멀리 길게 보고 가는 길이라면, 의사는 짧고 좁게 보고 가는 길이다. 그래서 의사와 과학자는 함께 길을 걸어갈 수가 없다. 의사는 기술을 현재에 활용하려 하고, 과학자는 미래에 활용하려 하기 때문에 의사와 과학자가 함께 일하게 된다면 여러모로 과학자에게 불리하게 적용된다.

관계의 메커니즘

에너지 메커니즘

에너지 메커니즘으로는 더 간절한 사람이 종속되기 마련이다. 즉 서로 내어줄 것이 있다면 win-win 관계겠지만, 물질지구에서 내어줄 것이 아무것도 없다면 몸이라도 때우게 되어있다.

정신의 곳간과 물질의 곳간

사람마다 물질의 곳간과 정신의 곳간이 있다. 어떤 사람은 물질의 곳간을 채우고, 어떤 사람은 정신의 곳간을 채운다. 자신이 담을 수 있는 물질의 한계 이상을 초과하면 이 물질을 거두러 하늘의 사자가 들어온다. 마찬가지로 정신의 곳간에 정신의 에너지가 가득 차 넘치면 물질로 교환하여 정신 에너지를 받을 인연이 들어오게 되어 있다. 물질을 거두는 하늘

사자는 자식, 친구, 형제, 남편, 아내 등 가까운 인연을 타고 들어와 물질을 거두어 가거나 사기꾼이 거두어 간다. 무엇이든 에너지가 넘치면 거두는 인연이 찾아오게 마련이다.

| 사물과 사람

위로 올라갈수록 모든 사물이 자신을 맞추고, 아래로 내려갈수록 자신이 직접 사물에 맞추어야 한다. 이와 마찬가지로 사람도 그러하다. 위로 올라갈수록 타인이 나를 맞춰주고, 아래로 내려갈수록 내가 타인을 맞추어야 한다.

| 목적지가 다르면 갈라지게 되어 있다

같은 형제라도 서로의 생각이 다르고 서로의 목적지가 다르면 갈라지게 되어 있다. 혈육의 연은 부모 살아생전의 연으로 엮이고, 부모가 돌아가시면 관계성이 약해진다. 마치 뿌리가 없어진 나무처럼, 나무에서 떨어진 과일처럼, 각자의 나무로 성장하며 각자의 길로 가게 된다. 그럼에도 불구하고 혈육의 연은 끝까지 가야 한다는 착각 속에서 서로를 믿고 서로를 의지하고 싶어 하지만 인간의 관계성은 유효기간이 존재하고 또 관계성이 끝날 때 그 사람 인성이 고스란히 드러나게 되어 있다.

관계성이 끝날 때

관계성이 끝날 때 사람은 서로의 이해관계 속에 자신이 살 길을 찾게 되고, 그 과정에서 배반, 배신이 나타나기도 한다. 여기에서 이타적인 사람, 이기적인 사람으로 구분된다.

'열 길 물속은 알아도 한 길 사람 속은 모른다'는 속담처럼, 사람의 마음은 언제 어떻게 바뀔지 모른다. 마음은 환경의 조건 상태에 따라 변하게 되어 있기에 환경의 조건을 잘 살펴서 따져봐야 한다. 사람은 자신이 살아온 대로, 자신의 방식대로, 자신의 이념대로, 선택하고 결정한다. 자신의 질량만큼 선택하고, 자신의 질량만큼 복을 받아 간다.

주종관계

작은 에너지는 큰 에너지에 종속되게 되어 있다. 이러한 에너지적 관계는 크거나 작거나 똑같다. 지구가 태양을 공전하는 것이나 전자가 원자를 도는 것이나 마찬가지이다. 인간도 마찬가지이다.

주종관계가 되든지 쌍성관계가 된다. 아버지와 자식은 처음엔 주종관계로 형성되다가 떨어져 나가고 이후 파트너를 만나 부부관계를 맺는 것은 쌍성관계를 맺는 것이 된다.

주종관계는 질량의 중심이 큰 행성 안에 있어 삭은 행성이 큰 행성 주위를 도는 관계를 말하며, 쌍성관계는 질량의 중심이 어느 한쪽의 내부에 있는 것이 아니라 두 천체 중간의 우주 공간에 형성되어 있어 서로가 서로를 도는 관계가 형성된 것을 말한다.

스승을 만난다는 것은

스승을 만난다는 것은 천년의 복이기도 하다. 스승의 도력에 따라서 인생 향방뿐만이 아니라 영혼의 향방도 틀어줄 수 있기 때문이다.

스승과 제자

스승과 제자 관계가 되는 것은 서로 아무것도 모르는 백지 상태에서 만나는 관계가 아니라, 수많은 환생 속에 이어진 고리로 연결되는 것이다. 따라서 스승과 제자는 인연의 한 판을 형성한다.

친구관계

친구란 관계성은 너와 나의 질량이 비슷할 때 만들어지는 관계이다. 너와 나의 질량이 현저히 달라지면 그때부터는 친구관계가 아니라 주종관계로 변한다.

친구관계 2

친구라는 관념은 같은 레벨에 속할 때만이 친구라는 개념이 형성된다. 레벨이 달라지면 친구라는 그룹도 달라지게 되어 있다. 즉 친구라는 것은 같은 의식 수준끼리, 같은 레벨끼리 통용되는 말이다.

고등학교 시절까지는 같은 레벨의 교육을 받기 때문에 친구라는 개념이 형성되지만, 사회에 나가면 평등개념보다는 수직개념이 통용된다. 학창 시절에는 같은 레벨이지만 각자 자신이 어느 길을 가느냐에 따라서 레벨 차이는 확연하게 달라지며 각각 레벨에 맞는 인연이 또 들어오게 된다.

카르마 채무관계

카르마의 인연은 둘 사이의 채무관계가 완전하게 끝이 날 때 그때 헤어지게 된다.

카르마 빚 관계

카르마 빚이 많은 관계가 가장 가깝게 형성이 된다. 가까이서 서로 배우며 상생하라는 의미이다. 여기에서 가족 간 카르마 농도의 차이를 살펴보면 부모와 카르마가 가장 밀접한 사람은 첫째이다. 밑으로 내려갈수록 빚고리가 약해지며, 막내의 경우 카르마 빚고리가 가장 약하다.

분별의 지침

│ 사건이 흘러가는 방향

어떤 일을 할 때 자신이 원해서 하는 일도 있지만 상황이 어찌어찌 흘러가게 되어서 마지못해 하게 되는 행동들도 있다. 마치 도미노처럼 자신에게 다가온 일들이 나라는 매개체를 거치면서 사건이 흘러가는 방향이 달라질 수 있다는 점이다. 누군가는 자신에게 다가온 일들을 엉뚱한 방향으로 튀게 만드는 사람도 있고, 어떤 이는 의미 있는 일로 만들기도 하며, 어떤 이는 자기가 모두 담고 가려 하는 사람도 있다. 당신은 자신에게 다가온 사건이나 환경을 어떻게 풀어내는가?

│ 시련을 대하는 자세

자기 앞에 다가온 시련을 겪을 때, 사람마다 다 다르게 반응한다. 어떤 사람은 옆에서 도와주지 않았다고 주변 사람을 원망하는 사람도 있을 테고, 어떤 사람은 조금만 도와줘도 그 고마움을 아는 사람도 있다. 사람의 인성에 따라서 천차만별이다.

도움을 줘도 되는 사람, 안 줘도 되는 사람

도움을 줘야 하는 사람도 있고, 도움을 줘서는 안 되는 사람도 있다. 도움을 줘서는 안 되는 사람은 고마움을 모르는 사람이다. 이런 사람은 에너지를 무한정 주어도 모른다. 자기의 모순점이 보이지 않고 상대 탓만 하면서 물귀신처럼 상대를 물고 늘어진다. 조언이나 도움을 받으려면 겸손하게 다가가야 상대 마음이 움직이는데 스스로 잘났다고 고집부리면 누가 조언을 해주고 도움을 주겠는가? 자기 복을 스스로 차버린 형국이다.

난관에 부딪혔을 때

어떤 벽이나 난관에 부딪혔을 때, 기존의 관습은 약발이 듣지 않는다. 매번 해 오던 관성으로는 절대 벽을 부술 수 없다. 이럴 땐, 새로운 에너지가 들어와 새로운 발상을 해야 또 다른 출구를 찾을 수 있다. 일이라는 것은 정보를 찾고, 자료를 모아 정리 분석한 뒤, 새로운 패턴을 만들어야 한다. 자료를 모아 정리 분석하는 과정까지는 열심히만 하면 된다. 그러나 새로운 패턴을 창조해 내는 것은 새로운 시각과 새로운 생각이 필요하다. 다시 말해, 에너지를 채울 때는 기존의 관습과 질서대로 꾸준히 노력하면 된다. 그러나 에너지를 꽉 채워 새로운 흐름으로 나아갈 때는, 새로운 인연, 새로운 생각이 들어와야 업그레이드할 수 있고, 현 상황을 타계할 수 있다. 기존의 사람은 무엇이 문제인지 잘 보이지 않는다. 이때 외부에서 또 다른 시선으로 지켜본 관찰자가 있다면, 그 사람은 그 무리의 모순점이 무엇인지, 해결책이 무엇인지 보인다.

│ 위기를 타계할 때

변화를 이끄는 자는 판밖에서 등장한다. 판밖에서 등장하는 사람이, 약인지, 독인지는 뚜껑을 열어봐야 한다. 당장에는 모두를 파국으로 몰아붙이는 것 같아도, 위기를 타계할 수 있는 기회가 되기도 한다. 만약 위기에 봉착했다면 기존의 관습을 깨고 새로운 발상을 하라! 새로운 발상이 떠오르지 않는다면 새로운 사람으로부터 정보를 받으라! 그래야 묵은 에너지가 새로운 흐름으로 흘러 들어갈 수 있다.

잘나갈 때

잘나갈 때가 가장 위험한 때이다. 잘나갈 때는 마음을 놓기 때문에 무방비해지고 경계막이 약해지기 때문이다. 이때가 잠시 힘이 약해지는 순간이다. '다 됐다'라고 안심하는 순간이 보호막이 가장 약한 순간이다. 사건·사고는 보호막이 약해지거나 에너지가 약한 곳으로부터 터지게 되어 있다.

떠나야 할 때

위기에 몰렸다는 것은 그 환경을 정리하거나 떠나야 할 때라는 신호이다. 즉 사면이 벽이고 문 하나만 달랑 있는 상황이다. 이때 문을 열고 나가면 낭떠러지가 있어 죽을 것만 같이 느껴질 것이다. 이러한 상황에서 죽기를 각오하고 자신을 던질 때 비로소 낭떠러지에 동아줄이 내려온다.

결정의 힘

결정이란 무언가 하나를 포기하는 힘이다. 두 갈래의 길이 나왔을 때 우유부단한 사람은 멈춰 선다. 이 길도 맞을 것 같고 저 길도 맞을 것 같고 생각만 하다가 멈추어 버리는 것과 같다. 결정은 두 갈래의 길이 나왔을 때 과감히 하나의 길은 포기하는 것이다. 멈추는 것은 성지하는 것이고 정지하는 것은 시간을 지체시키며 천천히 죽어가는 것이다.

| 힘을 내어주면

힘은 내어주는 것이 아니다.
힘은 잘 운용하는 것이다.
내 힘을 내어주면 상대는 그 힘을 받아 물고 들어온다.

| 분별력

에너지 관리의 기본은 바른 분별력이다. 바른 분별을 할 때 자신의 기운이 단단해진다. 정에 끌려가 자기 인생을 저당 잡히지 말고 처음부터 거절을 잘 해야 한다. 주변에서 못됐다고 욕하더라도 처음에 바르게 처신해야 한다. 처음에 욕을 조금 먹더라도 바르게 처신하면 나중에 험한 꼴까지는 안 당한다. 정에 끌려가 나중에 떼어내려면 이 꼴 저 꼴 안 좋은 꼴 모두 보고 서로 원수 되어 헤어진다. 정에 약해지는 순간, 당신은 상대에게 주도권을 내어주고 끌려가는 형국이 된다.

| 거절의 힘

거절이라는 것은 일종의 자기 환경을 만드는 것이다.
거절을 함으로써 당신의 허용범위가 결정되는 것이다.

현실도피

현실의 괴로움을 잊기 위해, 사람들은 취미나 종교 생활을 하며 현실을 회피하는 경우가 있다. 취미나 종교 생활은 잠깐의 심리적 안정제를 투여하는 행위가 될 뿐, 근원적인 병은 낫지 않는다. 차라리 자신 주변을 향해 어떤 행동 혹은 결단을 내리는 것이 문제 해결에는 빠르다. 부부간에 서로 소통이 안될 때 서로 피하지 말고 찢어지든 말든 어떤 결론을 내고 나면 새로운 흐름이 들어온다. 그 흐름 속에서 깨닫고 발전해야 우리의 영혼이 한층 성장한다.

우리가 지구에 온 목적을 잊지 말자. 동물처럼 본능대로 먹고살다 죽는 곳이 아니잖은가!

상처를 치유하려 할 때

상처 치유(물질적, 정신적)를 할 때 중요한 것은 다음과 같다.

1. 예전 습관을 반복하지 않는다.
2. 주변 사람의 조언을 받아들인다.
3. 환경을 바꿔주고 상처를 잘 돌본다.

어떤 일을 할 때, 실패가 뒤따른다면, 처음부터 그 상황을 재현하면서 잘못된 부분을 고쳐나가면서 바로잡아야 제대로

된 결과를 만들어 낼 수 있다. 덮는다고 문제가 해결되지는 않는다. 시간이 흘러 쌓인 감정은 언젠간 표출하게 되어 있다. 사건·사고가 터지는 것은 새로운 상황으로의 전개이다. 즉 이제는 기존의 습과 패턴을 중단하고 새로운 흐름으로 나아가라는 표시이다.

추진력의 힘, 동기

어떤 일을 할 때, 일을 추진할 추력 즉 '동기'가 필요하다. 일을 추진해야만 하는 강한 동기가 부여되지 않으면 사람은 쉽게 움직여지지 않는다.

동기라는 것은 에너지 추력에 해당된다. 내가 왜 움직여야만 하는지, 행위에 대한 당위성을 만들어 주는 것이 바로 동기이다.

여행의 목적

어떤 사람은 자신의 현실을 탈피하기 위해 외국으로 도망치듯 떠나는 사람도 있고, 어떤 사람은 그냥 어디론가 가고 싶어서 여행을 하기도 하며, 어떤 사람은 새로운 에너지를 충전하기 위해 외국으로 나가기도 한다.

더 좋은 것, 더 편한 것, 더 럭셔리한 것,
더 가치 있는 것을 추구하려는 욕망이
인간의 문명을 발전시켜 왔다.

인류통찰

* 영혼통찰 *

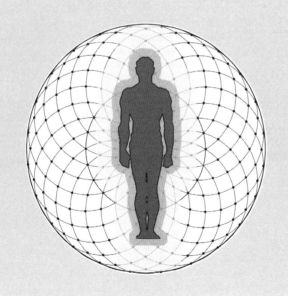

운명과 카르마

영혼이 못다 푼 숙제, 카르마

카르마란, 영혼이 못다 푼 숙제를 이생으로 가져오는 것이다. 영혼의 숙제는 여러 번의 전생을 거쳐 오면서 점점 불어난 빚더미 같은 것이 되어 자기 인생의 걸림돌로 작용한다. 즉 전생에 갚지 못한 빚을 현생에 갚아야 하는 인연의 빚 고리 관계가 바로 카르마이다.

인간 정신의 복제품, 카르마

카르마는 인간 정신의 복제품이다. 윗대에서 풀지 못한 카르마는 아랫대로 내려오고 아랫대에서 풀지 못하면 그 아래로 점점 가중되어 내려간다. 빚의 연대보증책임과 같다.

처음 시조는 마지막에 온다

아버지의 아버지로 올라가 맨 선조는 또다시 맨 마지막 자손으로 나온다. 즉 처음 시조는 맨 마지막에 다시 등장한다. 처음 봉인을 연 자가 마지막 봉인을 닫아야 하듯, 처음의 시조는 마지막을 해결하러 온다. 현재를 살고 있는 우리는 처음 시조이자 마지막 후손이다. 대를 이어오면서 모순이 엉킨 실타래는 카르마를 형성하였고, 이 엉킨 꼬임을 정리할 마지막 후손이 등장한다.

꼬임과 원시반본

꼬임 즉 모든 회전체는 만물의 기본운동이다. 지구도 회전하고, 태양도 회전하며, 전자도 회전한다. 회전하여 원래 자리로 돌아오는 것, 이것이 원시반본(元始反本)의 힘이다. 진행하던 방향을 바꾸어 힘을 역으로 돌릴 때 깨달음의 빛이 형성된다. 깨달음의 순간 불균형상태는 균형상태를 찾고 다시 제자리로 복원한다.

뫼비우스 띠

"돌고 돌아 무한대로 연결되는 뫼비우스 띠"
"안과 밖의 구별이 없는 뫼비우스 띠"
"처음과 마지막이 만나는 뫼비우스 띠"

뫼비우스 띠는 경계가 하나밖에 없는 2차원 도형으로 안과 밖의 구별이 없다. 뫼비우스 띠를 만드는 방법은 종이를 길게 잘라서 띠를 만든 다음, 종이를 한 번 꼬아서 붙이면 된다. 그리고 뫼비우스 띠 중앙에 선을 그려 넣으면 두 바퀴를 돌아 처음 시작점에 돌아온다. 처음 시작과 끝을 한 번 꼬아 연결하면 무한 반복되는 ∞가 나타난다.

꼬리에 꼬리를 무는 우로보로스(Ouroboros)처럼, 뫼비우스 띠도 시작과 끝이 연결된 안과 밖이 연결된 기하학 도형이다. 뫼비우스 띠에서는 한 번 꼬아진 부분이 핵심인데 이 꼬아진 부분 때문에 처음 시작으로 소급되는 것이다. 꼬인 부분은 처음으로 돌아가고자 하는 힘 즉 힘의 평형상태를 유지하려는 균형 차원에서 형성된 꼬임이다. 이 꼬임이 있어야 처음과 끝이 안과 밖의 구별이 없는 가운데 만날 수 있다.

┃ 뫼비우스 띠의 영적 의미

뫼비우스 띠를 영적으로 설명해 보자면, 안과 밖은 우리의 현실계와 영계를 뜻한다. 밖의 표면은 보이는 현실계이고, 안의 표면은 보이지 않는 영계가 된다. 한 번 꼬여진 부분 때문에 안과 밖은 떼려야 뗄 수 없는 관계성을 형성한다.

┃ 카르마의 수레바퀴

카르마의 수레바퀴는 영혼이 이생과 저생을 오가며 만드는 환생의 순환고리에서 만들어진다. 우주의 커다란 계획 속에 카르마의 연결고리가 강한 인력으로 작용하여 인연을 만나게 된다. 서로 간 풀지 못한 감정의 고리는 서로를 다시금 연결하고 과거 사건을 다시금 재연한다. 이 지구는 카르마를 푸는 실험장이다. 우리가 문제를 풀 때까지, 감정의 속박으로부터 자유로워질 때까지, 카르마의 수레바퀴는 계속 돌아간다.

인연의 고리

카르마는 보이지 않는 인연의 고리를 형성하고, 태어나는 순간 우리가 만나야 할 인연은 정해져 있다.

카르마 코드

카르마 코드는 마음 안에 담겨 있다. 인간이 죽으면 이 마음 에너지가 지구에서의 기억코드를 저장한 채 육신을 벗어나는 것이다. 이것이 영혼이다. 영혼은 지구에서의 기억 정보를 간직한 채, 영의 바다로 들어간다.

카르마 코드와 생각 파동

생각 파동이 마음과 연결될 때 주파수가 잡힌다. 마음의 창고에는 카르마 코드가 입력되어 있다. 카르마 코드와 생각의 파동이 연결되면 생각의 파동은 걷잡을 수 없이 파고들어 감정을 흔들기 시작한다.

카르마 코드와 연결된 생각 파동은 감정의 에너지를 작동시키고, 슬픔, 분노, 두려움 등의 마음은 걷잡을 수 없이 커져 블랙홀처럼 주변의 사념을 끌어당긴다. 자신에게 다가온 감정에너지들은 자신의 것과 주변의 것들이 한데 얽혀 증폭된다. 결국에는 사건·사고로 물질화가 되어 피하려 해도 피할 수 없는 상황으로 흘러간다.

카르마를 푸는 것과 종결의 차이

카르마를 푼다는 말은 서로 묶인 감정을 푼다는 뜻이고, 카르마 종결은 스스로 공부하고 정리하며 결자해지하는 것을 말한다. 카르마를 푼다는 전제는 같은 이념, 같은 관념 안에서 서로 조금씩 양보하는 마음을 가지면 되었지만, 지금 시대는 관념이 무너지고 붕괴되어 새 시대, 새 미래를 열어야 하기 때문에 과거 관념을 종결하고 앞으로 나아가야 하는 카르마 종결 시대로 접어들었다.

카르마 종결자 상징

카르마 종결자는 가문의 꽃이며 마지막 결실이다. 가문의 모순점을 정리하고 해결하여 새로운 시초를 만들어 가는 사람이다. 꼬인 모순을 풀어내고, 잘못된 습관을 바로잡아 새롭게 재탄생하는 사람이다. 문을 연 자, 문을 닫는다. 알파와 오메가는 원을 만들며, 원의 시작과 끝은 하나로 관통한다. 우로보로스 뱀이 자기 꼬리를 물고 있는 형태처럼, 처음과 마지막을 연결하는 상징은 카르마 종결자의 상징이다.

부활 코드

껍질을 벗고 허물을 벗듯, 카르마 종결자는 새로운 부활의 코드를 가지고 있다. 카르마 종결자는 모순을 종식하고 새로운 법을 만들 수 있는 사람들이다. 모순을 바로 잡으면 바른 분별력이 생기고, 바른 분별력이 생기면 사람을 이끌 수 있다.

| 카르마 종결자가 태어나는 시기

카르마 종결자는 가문이 모두 성장하고 난 뒤, 가문이 파탄 나거나 무너지는 시기에 태어난다. 카르마 종결자는 가문의 모순점을 드러내는 사자요, 가문의 관성을 바꾸는 힘을 가진 자들이다. 이들은 태평성대에는 별로 힘을 발휘하지 못하지만, 시대적 변화의 시기에 꼭 필요한 존재가 된다.

| 가문의 이단아

카르마 종결자는 가문의 진행 방향을 바꾸고, 새로운 진화의 방향으로 움직이기 때문에 가문의 이단아, 가문의 변절자, 가문의 사자 등으로 오해받고 평가받는다.

| 카르마 종결의 시대

과거 가문의 씨를 이어오던 시기를 지나 이제는 가문의 종말을 보는 시기이다. 과거에 하던 업을 바꿀 수 있는 기회가 부여되었고, 과거 인연을 정리할 수 있는 시간이 부여되었으며, 새로운 기술, 새로운 환경을 받아들일 수 있는 시간이 부여되었다. 더불어 기존의 관념을 바꿀 수 있는 기회 또한 주어진 것이다. 과거 시대에는 카르마를 푸는 시대였다면, 지금 시대는 카르마를 종결하는 시대이다.

카르마 종결 나이

현생의 카르마가 종결되는 나이는 사람마다 제각각 다르겠지만 기본 60갑자가 끝나는 60세이다.

누가 업이 셀까?

업(業)은 연구자나 개발자보다 지도자가 센 법이다. 연구자나 개발자는 사람을 살리거나 죽이지 않는다. 그러나 지도자는 사람을 살리거나 죽인다. 그래서 기운이 큰 자리이고 업(業)이 센 자리이기도 하다.

운명과 인연

지금 시대의 테마는 인연이다

우리는 모두 나를 이끌어 주고 상생시켜 줄 인연을 찾고 있다. 인연을 만나 높은 곳으로 오르기도 하고, 인연을 만나 나락으로 떨어지기도 한다. 인연을 만나 감금되기도 하고, 인연을 만나 환경을 바꾸기도 한다.

인연의 의미

우리는 인연을 통해 터를 이동하고, 인연을 통해 인연을 만난다. 인연을 만나는 것은 새로운 세계를 만나는 것이고, 인연을 통해 새로운 세상과 조우를 한다.

운명의 길

사람은 인연을 통해 운명의 길이 바뀐다. 어떤 인연이 내미는 손을 잡을 것인가, 말 것인가는 본인의 선택에 달려 있다. 인연이 내미는 손을 잡는 순간, 새로운 운명이 펼쳐진다. 어떤 사람의 손을 잡느냐에 따라서 그 사람의 운명이 달라진다고 생각한다면, 인연을 함부로 맺어서도 안 될뿐더러, 인연 맺는 것을 신중하게 생각해야 한다. 왜냐하면 나를 살리는 것도 인연이요, 죽이는 것도 인연이기 때문이다.

인연과 인연이 만나는 것은

인연과 인연이 만나는 것은 새로운 길을 개척하는 것과 같다. 어떤 사람은 힘든 위기에서 귀인을 만나 어려움을 극복하고, 어떤 사람은 잘나갈 때 인연을 잘못 만나 하락의 길로 접어든다.

인연을 알아보는 안목

자신의 에너지 상태에 따라 그에 맞는 인연이 들어온다. 인연을 알아보는 것은 본인의 안목에 따라 인연을 알아보는 것이다. 무언가에 강하게 씌었다면 그 씐 에너지에 합당한 인연을 만날 것이고, 파국으로 떨어질 때는 파국으로 이끌 인연이 들어온다.

하늘이 하는 일, 인연의 세팅

하늘이 하는 일 중, 가장 중요한 일 중 하나가 바로 인연의 세팅이다. 힘든 순간에 하늘은 항상 인연을 보내 준다. 나를 살려 줄 하늘의 배려이다. 인연을 보내 주어 운명의 틀어진 부분을 조정할 수 있는 시간을 주는데도 불구하고, 대부분 카르마 관성대로 선택하고, 정해진 운명대로 흘러간다.

인연의 손을 잡는 것은

인연을 보내 주는 것은 하늘이 하지만 인연의 손을 잡는 것은 철저히 인간 선택에 달려 있다. 손을 잡을 것인가? 말 것인가? 망하는 손인지 흥하는 손인지는 자신의 질량에 달려 있다.

과거 인연을 다시 만나는 이유

만약 과거 인연을 다시 만나게 되었다면 그 인연과 풀지 못한 그 무엇이 있거나 서로 간에 주고받아야 할 정보가 남아 있기 때문에 어떻게든 다시 만나게 된 것이다. 만나야 할 사람은 반드시 만나게 되어 있고, 만나면 이별이 찾아오고 인연과 풀지 못한 무언가가 있다면 다시 만나게 될 것이다.

인연의 형태장

우리는 천륜으로 엮인 1차 인연의 형태장을 만들고, 인연의 형태장 속에서 서로의 감정들을 공유하며 기억을 만들고, 기억이 쌓여가면서 더 크고 끈끈한 형태장을 만들어 간다. 이렇게 형성된 형태장은 마치 거미줄처럼 연결되고, 우리는 알게 모르게 서로의 감정을 공유하며 살아가고 있다.

인연의 형태장은 감정으로 연결되고, 여기에 기억이 쌓여가면서 우리는 천륜이라는 거대한 형태장 속에서 움직인다.

인연의 형태장을 벗어나는 것

인연의 형태장을 벗어나기란 매우 힘든 일이다. 특히 천륜으로 엮인 인연의 장을 벗어나는 것은 더더욱 힘들다. 감정으로 연결된 에너지장에 틈틈이 박힌 기억들은 그들을 천륜의 형태장에 가두어 놓고 그 안에서 생각하고 행동하게 만든다.

천륜의 형태장

천륜이라는 형태장은 세포처럼 복제를 이어가려 한다. 계속 복제를 이어간다는 것은 계속해서 성장한다는 뜻이고, 이것은 계속해서 대를 이어가려는 움직임을 낳는다. 그러나 세포도 이저성장을 미치면 내직질량을 키우는 것으로 바뀌듯, 천륜의 형태장도 이제 성장을 모두 끝냈고 내적성장으로 바뀌는 중이다. 그래서 요즘은 결혼을 안 하고 자식을 생산하지 않으려는 추세가 자연스럽게 만들어지고 있으며, 특히 의식이 높은 선진국들에서 이러한 추세가 늘어나고 있다.

| 대물림의 복제

세포가 복제를 이어갈 때 새로 생성되는 세포에 에너지를 주입하듯, 부모는 자식에게 에너지를 주입한다. 그렇게 자신과 똑같은 개체를 복제하고 그 형태를 키워나가는 것이다. 부모가 자식에게 에너지를 내려주는 것은 자동반응이다.

자신이 못다 푼 카르마를 자식에게 대물림할 때 '내가 다 풀지 못하니 네가 대를 이어 풀어라'라고 하면서 감정체를 비롯한 관념을 주입하면서 자식에게 카르마 업을 넣는 것이다.

| 아버지와 아들

아들이 어릴 때는 아버지의 통제 안에 있기 때문에 큰 문제가 없으나, 아들이 자라서 자신만의 색깔이 나오기 시작하면, 그때부터 아버지와 본격적인 기 싸움에 들어간다. 이것은 마치 한 집안에 수사자가 두 마리 있는 형국이다. 만약 아버지가 강한 기운으로 아들을 제압하려 하면 두 가지 반응으로 나타난다. 기가 강하게 눌려 안으로 수축하는 유형과 아예 밖으로 돌면서 사고를 치는 유형이 있다.

가장 가까운 인연

어려서는 부모 형제 인연을 만나고, 커서는 배우자 인연을 만나고, 결혼해서는 자식 인연을 만난다. 이렇게 3가지 유형의 인연이 자신을 둘러싼 가장 가까운 인연이다.

30대의 인연

30대에 만나는 인연이 나의 파트너 혹은 배우자가 되고, 이때의 인연은 나의 40대를 결정한다. 또 자식의 인연까지 이어지기 때문에 인연의 판을 형성하는 데 있어서 무엇보다 중요한 나이가 바로 30대이다.

새로운 인연이 들어오는 시점

새로운 인연이 들어오는 시점은 '내가 갖추어졌을 때'이다. 나의 에너지 기운이 상승하면 그에 맞는 에너지 준위의 인연이 들어오기 때문에 과거의 인연을 굳이 당길 필요는 없다. 과거의 인연을 당긴다는 것은 풀지 못한 고리가 있기 때문에 다시 만나는 것이다.

악연은 나를 비추는 거울

너무 사랑하거나 너무 미워하는 것은 같은 파동대의 반대 극성인 에너지이다. 악연은 반대 극성의 인물로 자신을 비추는 거울처럼 들어온다. 상대방의 싫은 점은 자신 안에 그러한 파동이 있기 때문에 반응하는 것이다.

망하는 인연, 흥하는 인연

망하는 흐름에 들어서면 망하게 만드는 인연이 들어오고, 흥하는 흐름에 들어서면 흥하게 만드는 인연이 들어오게 되어 있다.

인생 향방이 바뀌는 계기

여자든, 남자든 인생의 향방이 바뀌는 계기는 바로 배우자 인연을 만나면서부터이다. 배우자와 한 길로 합을 맞추어 걸어가면 상생의 흐름으로 흘러가겠지만, 합이 맞지 않아 다른 길로 벌어지기 시작하면 다시 돌릴 수 없는 길을 걸어가게 되고 결국엔 헤어짐의 순간이 오게 된다.

운의 향방이 갈라질 때

운의 향방이 갈라질 때는 인연이 들어온다. 인연을 만나면서 인생의 황금기를 만나기도 하고, 인생의 좌절기를 만나기도 한다. 즉 인연에 의해 자기 운의 향방이 결정되는 것이다. 상승하느냐? 하락하느냐? 사건·사고도 인연을 통해 들어오고, 운의 흥하고 망함도 인연을 타고 들어온다.

사람은 누구를 어떻게 만나느냐에 따라서 자신의 가치가 달라진다.

│인연의 중요성

누군가를 만나서 자신의 존재가 고귀해지는 경험을 해보았다면 우리에게 인연이 얼마나 중요한지 알게 될 것이다.

어떤 인연은 나를 고귀한 존재로 만들기도 하고, 어떤 인연은 나를 하찮은 존재로 만들기도 한다.

전생과 윤회

전생의 망각

다시 태어날 때 우리는 전생의 기억을 망각한 채로 태어난다. 전생에 나쁜 짓을 했어도, 사람을 죽였어도 모두 잊은 채 태어나 다시 악연과 인연을 맺고 사랑할 수도 있다. 만약 전생의 기억이 모두 기억난다면 인간은 기억의 감옥에 빠지게 될 것이다.

지구 드라마

지구 드라마는 전생의 기억을 망각한 채 펼쳐진다. 전생을 기억하면 자신이 저지른 일들의 충격 속에서 스스로를 가두며 행동을 제어하기 때문에 지구 드라마가 펼쳐지지 않는다. 모르기 때문에 드라마가 펼쳐지는 것이고, 모르기 때문에 사건·사고가 발생하는 것이다.

망각의 샘물

전생을 기억하지 못한다는 것은 어쩌면 축복일 수가 있다. 과거 아픈 기억은 사람을 더욱 힘들게 할 수 있고, 설령 기억을 하게 된다면 어떻게 원수끼리 인연을 맺을 수 있겠는가? 과거의 원수끼리 현생에서 인연을 맺으려면 망각을 해야만 가능한 일이다. 기억을 망각해야만 모두 잊고 새롭게 새 출발 할 수 있기 때문이며, 다시 한번 과거의 사건을 반복하면서 자신의 모순을 찾아내고 깨달을 수 있기 때문이다. 그래서 레테의 망각의 샘물을 마시는 것은 지구로 내려오는 인간에게는 축복의 선물인 셈이다.

전생의 직업 1

현생에 자신이 하고 있는 일을 보면 전생의 직업을 알 수가 있다. 전생에 했던 일들을 우리는 현생에서 이어가고 있으며, 그 일들을 조금 더 지적으로 만지고 있는 것이다.

전생의 직업 2

전생에 관청의 관리를 맡던 사람이 현생에는 공무원을 하고 있고, 전생에 역마꾼은 현생에 파일럿이나 운송업을 하고 있으며, 전생에 잘나갔던 기생은 연예인을 하고 있다. 전생에 검을 다루던 무사는 현생에 경찰, 군인, 의사 등을 하고 있으며, 전생에 훈장이었던 사람은 현생에 선생이나 교수를 하고 있다. 전생에 왕비였던 사람은 현생에 주부나 비구니로 살고 있고, 전생에 왕이었던 사람은 현생에 도인이나 백수건달로 지낼 가능성이 높다. 과거, 현재, 미래는 이어진다. 과거에 다하지 못한 일을 우리는 현재에 이어서 하는 중이다.

스포츠 스타들의 전생

스포츠 스타들은 어떤 전생을 가지고 있을까? 그들은 주로 전쟁과 관련된 전생을 많이 가지고 있다. 전생에 무인이었던 스포츠 스타는 그 전생의 습으로 인해 이번 생에서도 끝나지 않는 전쟁을 치른다. 바로 스포츠를 통해서이다. 전쟁의 형태는 과거와 다르지만 스포츠를 통해 승부를 겨루고 혈투를 벌인다.

전생을 찾는 중요 단서 1

전생의 단서는 주변에 세팅된 인연을 살펴보고 그들이 무의식중에 하는 말들을 귀담아들어야 한다. 주변 인연들의 직업은 무엇인지, 어떤 일을 하고 있는지, 공무원인지, 군인인지, 상인인지 등을 살펴보아야 한다. 자신의 현재 직업은 전생을 찾는 중요 단서가 된다.

전생을 찾는 중요 단서 2

몸의 흔적을 찾는다. 몸에 생긴 점이나 특정 질병들은 전생으로부터 이어져 온, 혼에 각인된 표식이다.

전생을 찾는 중요 단서 3

전생을 찾아가는 열쇠는 기호(嗜好)이다. 내가 가고 싶은 나라, 끌리는 나라는 어디인지, 내가 좋아하는 것 그리고 싫어하는 것은 무엇인지, 또한 내가 어느 장소를 주로 가는지, 혹은 어느 나라를 다녀왔는지도 중요한 코드 중 하나이다.

장소와 연

사람과 사람의 연(聯)이 이어져 인연을 만들듯, 특정 장소와 사람 간의 연(聯)도 있다. 자주 밟는 땅은 그 사람과 연이 있기 때문에 자주 밟는 것이다.

전생의 사건은 반복된다

전생의 사건은 현생에 다른 형태로 반복된다. 인연과의 관계성 속에서 힘의 역학이 어떻게 흘러가는지, 에너지 관계가 누구 중심으로 어떻게 흘러가는지를 보면 인연의 갑을관계를 알수가 있다. 내 주변에 어떤 인연들이 형성되어 있는지, 그 사람들의 성향은 어떠한지 분석해 보면 자신의 전생을 유추해서 들어갈 수가 있다.

현생의 적응력

자주 태어나는 영혼일수록 사회생활의 적응력이 빠르고 가끔 태어나는 영혼일수록 사회 적응력이 더디다.

서양 전생

서양 전생을 가지고 한반도에 태어나는 경우는 두 가지가 있다.

1. 서양의 지식체계를 한반도에 들여오는 사람
2. 한반도에서 서양 지혜를 운용하려는 사람

서양의 지식체계를 한반도에 들여오는 사람은 외국으로 유학의 과정을 거친다. 그러나 한반도에서 서양 지혜를 운용하려는 사람은 외국 유학 과정을 거치지 않고 서양에서 들여온 지식을 통합 및 체계화시키는 역할을 가지고 있다. 한반도라는 자리는 통합의 자리이기 때문이다.

외계 전생

외계 전생을 가지고 한반도에 태어나는 경우는 다음과 같다.

1. 통합의 판을 까는 과정을 공부하러 지구에 들어오는 경우
2. 외계 지식을 전하려는 경우

자신의 전생 중에 외계 전생을 가지고 있는 사람들은 관찰자적인 성향이 강하다. 또한 독특하고 엉뚱하며 사상이나 생각이 일반인과는 다소 다르다. 이러한 사람은 이 지구별에서 벌어지는 통합의 과정을 지켜보기 위해 한반도로 들어온 케이스이다.

윤회란?

윤회란? 수레바퀴가 끊임없이 구르는 것과 같이 중생의 인생이 번뇌와 업(業)에 의해 생사(生死)세계를 그치지 아니하고

돌고 도는 것이라는 뜻이다.

│ 뿌린 대로 거두리라

우리의 삶에서 윤회를 빼버리면 인생에 대한 삽질만 계속하게 된다. 모든 원인과 결과를 이번 생에서만 찾으려 하다 보니 문제가 안 풀리는 것이다. '뿌린 대로 거두리라'는 말이 이번 생에 국한된 말이 아니라 자신의 전생, 현생, 내생을 모두 포함한 총체적인 영혼을 위한 진리의 말이다.

│ 윤회를 인정하는 종교는?

표면에 드러난 종교 중에서 불교를 제외한 다른 종교에서는 윤회를 인정하지 않는다. 그러나 지하로 숨겨진 종교인 그노시스, 유대 카발라, 티베트 밀교, 조로아스터교는 윤회를 인정한다. 윤회가 존재해야 인생이 설명되고 역사가 이해되기 때문이다.

│ 윤회는 별과 별 사이에도 일어난다

윤회는 지구에서만 일어나는 것이 아니라 별과 별 사이에서도 일어난다. 그런데 태양계에 한 번 잡히면 계속해서 태양계에 태어나고 입자가 더 단단한 물질화된 지구계에 잡히면 계속해서 지구계에 태어난다. 제아무리 예수나 부처라도 지구에

한 번 들어오면 박박 기어야 하는 곳이 바로 지구다. 육체를 입는 순간 똑같은 인간으로 다시 시작해야 한다. 그래서 이곳 지구가 감옥인 것이다.

| 영혼의 위치에너지

인간이 죽으면 의식 수준에 맞게 위치에너지를 점한다. 비슷한 것은 비슷한 것끼리 뭉치듯, 비슷한 의식 수준은 비슷한 수준끼리 모이게 되어 있다. 지구에서는 성인과 감히 친구 먹고 해도 죽고 나면 보려 해도 볼 수 없는 수준 차이가 발생한다. 표현하자면 지구는 일종의 에너지 감옥과 같은 곳이다.

| 지구감옥

영혼이 지구에 들어오면 육체라는 1차 감옥이 형성되고, 인연이라는 2차 감옥이 형성된다.

| 윤회의 비밀

윤회는 우리 영혼인 아스트랄체가 여행하는 것이다. 영의 멘탈체, 영혼인 아스트랄체 그리고 물질인 육체를 놓고 설명하자면, 물질 육체가 죽으면 육체와 아스트랄체 간에 연결된 연결선이 끊어진다. 그리고 아스트랄체는 멘탈체에 흡수된다.

그리고 다시 탄생할 때는 멘탈체에서 아스트랄체의 연결선을 끊어 육체에 연결시키는 것이다. 이것이 바로 윤회의 비밀이다.

환생하는 이유

지구에 환생하는 이유는 영혼의 진화를 위해서이다. 육체는 100년 이내의 사용 기간이 있어서 영혼은 육체의 수명이 다하면 육체라는 용기를 버리고 다시 새로운 육체를 받기까지 몇백 년을 기다려야 한다.

멈춰진 드라마

육체를 떠난 영혼은 살아있을 때의 마음 정보를 모두 가지고 다시 환생한다. 전생의 정보를 그대로 간직하고 있기 때문에 전생에 이루지 못한 숙제인 카르마를 가지고 태어나는 것이다. 즉 드라마가 멈춰진 시점부터 다시 연결되어 시작되는 것과 같다.

환생하여 육체를 받을 때

지구에서 육체를 받을 때 아무에게나 들어올 수 있는 것이 아니라 철저히 인연의 법칙에 따라 몸을 받을 수 있다. 예를 들면 4대 조상이 내 자식으로 들어올 수 있다. 가문의 카르마가 이어져 내려오면 이 가문의 공동 카르마를 위해 가문 줄을 타고 다시 환생을 하는 것이다. 만약 집안에 특정 질병이 내려오는 경우 가문의 카르마 줄로 이어져 온 장치이다. 의사가 나오는 집에 의사가 배출되고, 무당이 나오는 집에 무당이 배출되는 이유이다.

높은 의식 수준의 환생

높은 의식 수준의 사람은 꼭 필요할 때만 선택해서 내려온다. 주로 격변기나 문명의 시작과 끝을 찾아 들어오는 경우가 많다. (예: 지도자나 왕의 경우 환생 횟수가 적다.)

마지막 윤회

환생이 마무리되는 시점에서 마지막 윤회의 주기를 거치는 인류가 출현한다. 마지막 윤회의 사람들은 수많은 윤회를 거치면서 가지고 온 정보들을 이번 생에 모두 세상에 뿌려놓고 가야 한다.

신(神)과 귀신(鬼神)

신(神)과 귀(鬼)

귀는 가슴 아래 땅으로부터 올라오고, 신은 가슴 위 하늘로부터 내려온다. 조상신은 귀와 천신의 중간 매개체이기에 중간에 걸쳐있다. 귀는 동물적으로 이끌고, 신은 신적으로 이끈다.

귀(鬼)

귀란 인간 육신을 입었던 형태장의 흔적이 남아있는 것이다. 육신은 사라지고 육신에 머물렀던 감정의 정보가 떠돌아다니는 것이다. 죽는 순간 충격으로 육신의 형태장이 깨지면 깨진 상태 그대로 백(魄)에 저장된다. 귀의 형상이 제각각인 이유이다. 원한이 크게 서리지 않은 귀의 형태장은 시간이 지나면 자연스럽게 대자연 속으로 돌아간다.

신(神)

신은 영의 바다로 들어가 멘탈체와 연결된 존재들이다. 따라서 이들은 상위차원의 존재와 연결이 되었고 지구에 내려올 때는 천신의 명을 받는 서인(署印: 관청의 인가를 받고 내려오는 관료) 형태로 내려온다.

공신과 사신

천신은 공신이고, 조상신은 사신이다. 천신은 하늘 의식과 연결되어 있고, 조상신은 가문 의식과 연결되어 있다. 천신은 조상신의 형태장을 품고 있기에 조상신은 천신의 명을 받는다.

조상신

조상신은 서인 아래 단계 가문 신이다. 가문의 영달을 위해 움직이지만 크게는 서인의 명령을 받는다. 조상신은 의식적 급수에 따라 고급신에서 저급신까지 천차만별로 나뉜다. 조상신이라도 고차원 조상신은 천신급에 가깝다. 조상신은 아스트랄체에서 활동한다.

신은 인간 몸을 입는다

신은 인간 몸을 입고 활동한다. 신이 인간 세상에 영향을 미치려 할 경우라면, 신도 인간 몸을 입어야 한다. 인간이 이동을 하려면 자동차가 필요하듯, 신도 활동을 하려면 인간이라는 자동차를 타야 한다. 신이 인간의 몸을 탔을 때, 이때를 신이 실렸다고 표현한다.

신의 영역

우리 인간이 신의 영역에 도전한다는 것은 공간과 시간을 가로질러 어느 곳에도 매이지 않는 자유로움을 부여받아야만 비로소 신의 영역에 도전할 수 있다. 그러나 인간의 생물학적 육신으로는 도저히 이 지구를 벗어날 수 없다는 점이 우리 인간의 한계이다.

신의 법과 인간의 법은 다르다

신의 법은 대자연 법칙을 따르고, 인간의 법은 인간관념을 따른다. 따라서 신이 실리면 인간관념을 초월하는 경우가 많다.

신과 연예인

신은 외부에 보이지 않는 곳에 있는 것이 아니라 인간의식을 통해 현현하며, 인간의 마음을 타고 전해온다. 신은 당신 주변의 사람을 타고 들어온다. 인간은 자신이 믿고 따르는 혹은 좋아하는 사람의 말은 잘 듣는다. 그리고 그러한 사람을 닮고 싶어 한다. 그래서 지금 시대에는 연예인의 역할이 매우 중요하다. 이들은 시대의식을 이끌어가는 신의 대리인이기 때문이다.

신을 창조하는 엔터테인먼트

지금의 엔터테인먼트 회사들은 여신, 남신을 창조하는 제조회사이다. 노래를 만들고, 춤을 만들고, 옷을 만들고, 하나의 통합 신 아바타를 창조하는 곳이 바로 엔터테인먼트다. 하나의 그룹에게 이름을 부여하고, 색깔과 콘셉트를 부여하며, 옷을 입히고, 음악과 춤을 입힌다. 즉 신을 창조하고 에너지를 만들어 생명력을 부여하는 곳이 바로 엔터테인먼트다. 요즘 아이들의 장래희망이 하나같이 연예인인 이유이다.

신기로 움직이는 연예 사업

연예 사업은 신기로 움직이는 사업이다. 여신 남신을 창조하기 때문에 신에너지가 실려야 하는 분야가 바로 연예 엔터테인먼트이다.

발탁되는 연예인

연예 사업을 하는 사람들은 가문의 에너지가 발복하는 사람들을 바로 알아본다. 가문의 에너지가 발복하는 사람들은 신이 서려 있기 때문에 바로 눈에 띄면서 발탁되는 것이다.

신의 사자(使者)

인간은 신(神)을 복제한다. 자신이 닮고 싶어 하는 사람이 바로 신이다. 나의 마음을 움직일 수 있게 만드는 사람이 바로 신이다. 당신 앞에 있는 사람이 바로 신의 사자(使者)로 온다. 때로는 나에게 위로를, 때로는 나에게 길을 알려주고, 때로는 나에게 채찍질도 내린다.

신의 심판

신은 양면성을 가진 두 얼굴을 가졌으며 무자비한 양날의 검을 들고 있다. 에너지가 차기 전까지는 뭐든지 허용하는 선의의 신이나, 일정 시간이 지나고 나서 에너지가 찰 무렵의 신은 심판의 신이다. 죽은 자의 영혼 무게를 달고 있는 오시리스처럼, 신은 상승하느냐 하락하느냐 에너지 질량을 달아 상승과 하락을 결정한다.

│신의 도움

상승하는 사람은 **신의 뜻**이라 생각하고, 하락하는 사람은 **신의 저주**라 생각한다. 자신이 잘나갈 때는 '신이 자신을 돕는다'라고 생각하고, 자신이 하락할 때는 '신은 자신을 안 돕는다'라고 생각한다. 막힘이 없을 때는 '자비를 베푸는 신'이라 착각하고, 자신이 하는 일이 막히면 '무자비한 신'이라 착각한다.

│신의 모습

신의 모습은 인간이 만들어 낸다. 자비롭고 관대한 신도, 악마도, 마귀도, 모두 신의 일부이자 신의 속성이다. 신은 모든 만물을 품고 있기 때문이다. 마귀까지도…….

오래 묵은 도깨비

도깨비는 귀신들의 수장이며 오래 묵은 귀이다. 고집과 원한이 센 귀(鬼)인 만큼 그 힘도 막강하다. 귀들조차 무서워할 정도의 파괴력을 가지고 있는 존재가 바로 도깨비이다. 그래서 옛날에는 도깨비 문양으로 귀신을 쫓았다. 센 귀로 잡귀를 물리치는 것이다. 원한이 센 만큼 지구에 오랜 시간 붙어 있게 되었고, 그 결과 불꽃만 남아 동에 번쩍 서에 번쩍 떠도는 불빛이 되었다.

정령계의 수장 도깨비

도깨비는 정령계에 속한다. 이승과 저승의 중간계인 정령계에 남아 동물이나 나무에 스미기도 한다. 멘탈계로 이동하지 않고 정령계에 머물러 정령의 일을 하는 데바이다.

재보신(財報神) 도깨비

도깨비는 왜 재보신(財報神)으로 알려지게 되었을까? '금 나와라 뚝딱! 은 나와라 뚝딱!'이라는 동화 속 도깨비 노래처럼 도깨비방망이는 재물을 만들어 내는 도구로 사용되었다.

도깨비는 재보신(보은하는 신)과 잡신의 성격을 띠고 있다. 도깨비는 양면적 성격이 있어서 잘 받들면 복을 내리고 잘 받들지 못하면 가해를 한다. 그래서 복을 내릴 때는 재보신, 벌을 내릴 때는 잡신적인 성격을 띤다.

도깨비의 성격

도깨비의 성격은 이중적 성격에 변덕이 심하고 심술을 부리며 장난기가 심하다. 장난을 칠 때는 불장난을 치고, 돌을 던져 창문을 부수기도 하며, 물건을 여기에서 저기로 바꾸어 놓는 등, 동에 번쩍 서에 번쩍 사람을 홀리는 재주가 있다. 또한 호색적인 면이 있어서 여성을 좋아하기도 한다.

도깨비 터

도깨비 터는 도깨비가 사는 터를 말한다. 노깨비의 성격처럼 극단적인 성향을 띠는 터를 도깨비 터라 한다. 즉 아주 흥하거나 아주 망하거나, 사람이 아주 많거나 갑자기 사람이 하나도 없거나, 아주 잘 풀리거나 아주 안 풀리거나… 그래서 도깨비 터에 앉으려면 기운이 세어야 한다.

운의 교차점에 도깨비가 나타난다

성공하느냐? 망하느냐?의 지름길에 도깨비가 정좌한다. 이 도깨비를 거쳐야만 성공의 지름길로 들어설 수 있고, 도깨비를 넘지 못하면 처음부터 다시 새로 시작해야 한다.

운의 교차점에서 도깨비를 만나는 것이다. 도깨비는 복을 주기도 하고 벌을 내리기도 하며, 길을 터주기도 하고 길을 막기도 한다. 그래서 도깨비에게 잘 보여야 도깨비의 막(幕)을 넘을 수 있다.

명당터

큰 명당터에는 큰 기운에 맞는 큰 그릇의 사람이 앉아야 하고, 작은 명당터는 작은 기운의 사람이 앉아야 한다. 저마다의 기운에 따라 자신이 품을 수 있는 그릇의 크기가 있고, 저마다의 쓰임새에 따라 그릇 모양도 달라진다. 따라서 자기 자리가 아니면 내려오게 되어 있고, 사람도 자기 길이 아니면 들어가지지 않고 주변만 뱅뱅 돌게 된다.

하늘의 뜻

"하늘의 뜻이란 없다! 인간의 뜻만 있을 뿐" 하늘의 뜻이란 다른 말로 운의 흐름을 탔느냐? 안 탔느냐? 이다. 즉 운을 탄 사람의 생각이 곧 하늘의 뜻이라는 말이다. 아무리 하늘의 뜻 이라 해도 운을 타지 못하면 성공하지 못한다.

신이 강하게 들어와 있는 경우

조상신을 비롯하여 신이 강하게 들어와 있는 경우는 어떤 목적성이 있기 때문에 들어온 것이다. 이들은 주변을 부흥시 키거나 초토화한다. 사람마다 다르겠지만 어떤 사람은 특정 사건에서 신이 실리는 사람이 있고, 어떤 사람은 특정 일을 할 때 실리는 사람이 있고, 어떤 사람은 특정 목적을 위해서 실리는 사람이 있다. 신이 실렸다는 것은 드라마 배우가 되었 다는 뜻이다. 관객들에게 깨달음을 주기 위한 드라마를 연기 하고 있는 중이다. 여기에서 신이란 귀와 신을 모두 포함하며 고급령부터 저급 귀신까지 모두 포함한다.

특정 신이 실린 정치인

정치인의 경우, 계속된 전쟁터에서 일하는 것과 같기 때문에 일정 부분 신이 실려서 일을 하는데 양심을 거스르면서 집단의 이익을 주장하는 사람들은 일종의 빙의 상태로 보면 된다. 이들은 특정 사념을 당기면서 힘을 갖기 때문에 강하게 신이 실린 빙의 상태에서 하나의 목적성을 가지고 주변을 선동하면서 들어간다.

신이 강하게 실리지 않으면 양심이라는 센서가 작동을 하기 때문에 양심에 반하는 행동을 하기가 힘들지만, 신이 강하게 실리면(특히 저급 귀신) 두 눈과 두 귀를 가리고 한 가지 목적성을 향해 날아가는 불나방처럼 변한다.

인간의 의지와 신의 의지

인간의 의지대로 혹은 생각한 대로 일을 계획하였다 하더라도, 신의 움직임이 첨가되면 일은 엉뚱한 방향으로 흐른다. 어떤 사건·사고가 발생하고, 인연을 만나는 것은 모두 신적인 움직임에서 발생하는 일들이다. 세상은 인간의 의지와 신의 의지가 합쳐져서 힘의 역학대로 흘러간다.

빛과 어둠

| 빛과 어둠

밝은 대낮에는 모든 사물이 눈에 들어오고 인지가 된다. 그러나 밤의 어둠은 모든 사물을 어둠 속으로 감추어 버린다. 우리가 정말 두려워하는 것은 실체가 보이지 않는 어둠이다. 어둠 속에 있고자 하는 이에게 빛은 파괴자이자 공포의 대상이 된다.

| 우리가 공포를 느끼는 대상은 무엇인가?

그것은 바로! 실체가 보이지 않는 그 어떤 움직임이 일어날 때 사람들은 두려움을 느낀다.

빛과 어둠의 속성

선은 빛의 속성이요, 악은 어둠의 속성이다. 빛은 모든 형태를 드러내지만, 어둠은 모든 형태를 잠식해 버린다. 악의 싹은 어둠 속에서 자라난다. 빛이 들지 않는 곳에 어둠이 생기는 법이다.

그림자

그림자는 사물이 있을 때 생긴다. 사물이 없으면 그림자도 없다. 빛과 어둠은 존재 그 자체이다. 그림자는 사물이 빛을 받아 가려지는 어두운 부분이다. 존재가 생성되면 그림자도 따라서 생성된다. 그래서 우리는 존재하기에 일정 부분 어두운 그림자 부분을 포함하고 있다.

어둠의 에너지

어둠은 욕망이 있는 곳에 스며든다. 그곳에서 기생하고 그곳에서 생명을 유지한다. 인간의 욕망과 탐욕이라는 에너지를 먹고 사는 것이 바로 어둠의 에너지이며, 누군가는 이 어둠이 깃들 곳을 찾아주고 있다.

그들은 말한다. 나는 당신들 욕망에 의해 움직인 것뿐이라고…

어둠은 어둠을 먹고 산다

어둠은 어둠을 먹고 산다. 욕망은 또 다른 욕망을 낳고, 한 번 발을 잘못 들이면 어둠은 올가미를 씌워 인간을 조종한다. 감추려 하면 할수록 어둠의 노예가 되고 만다. 감추려 하는 곳에는 어둠의 마음이 깃든다. 이때는 차라리 감추고 싶은 치부를 드러내면 된다. 밖으로 드러낸다는 것은 더 이상 어둠에 끌려다니는 노예가 되지 않겠다는 선언이기도 하다.

어둠이 기생하는 곳

어둠은 인간 욕망 속에 기생한다. 감추고 싶은 비밀과 감추고 싶은 치부는 더 큰 어둠을 끌어들인다. 빛은 모든 것을 분명하게 드러낸다. 처음 드러낼 때는 아프겠지만 상처는 곧 치유된다.

빛과 어둠이 버무려져야 육신이 탄생한다

인간에게는 신의 에센스인 빛의 파편이 담겨 있다. 빛과 어둠이 버무려져야 인간 육신이 탄생할 수 있다. 빛만 있으면 육체가 생성되지 않고 육체만 있으면 동물에 가깝다. 빛은 신의 영역이고, 육체는 동물의 영역이다. 육체라는 물질 용기에 빛이 담겨 있기 때문에 신을 닮은 인간의 모습이 생성되고 육체를 운용하는 생명력이 생기는 것이다.

어둠의 시간

태양 빛이 가장 짧은 시간은 어둠의 시간이며, 귀신들이 활보하는 시간이다. 동지는 일 년 중 낮의 길이가 가장 짧은 날이다. 이때 우리 조상들은 팥죽을 먹고 팥죽을 장독대 구석구석에 놓았다. 붉은 팥을 쓰는 것은 어둠의 시간에 귀신이 붙지 말라고 하는 텔리즈먼 행위다.

동지인 12월 22일부터 어둠의 3일을 보내고 12월 25일부터는 본격적으로 해가 길어지기 시작한다. 서양에서는 해가 길어지는 이 시간을 부활의 시간이라 하여 예수가 탄생한 탄신일로 잡은 것이다.

인연을 보내 주는 것은 하늘이 하지만
인연의 손을 잡는 것은 철저히 인간 선택에 달려 있다.

인류통찰

✳ 문명통찰 ✳

인종과 문명

┃한·중·일 스케일

한국, 중국, 일본은 스케일에 있어서 중(中), 대(大), 소(小)를 띠고 있다. 예를 들어 커피 병도 중국은 대(大)자, 일본은 소(小)자, 그 사이에 있는 한국은 중(中)자 사이즈이다. 중국은 대륙적 특성, 한국은 반도적 특성, 그리고 일본은 섬나라적 특성을 띠고 있다. 그래서 터에 따라 기질과 말이 달라진다.

┃한·중·일 집의 크기

중국, 한국, 일본 순으로 집의 크기가 점점 작아지는데
중국의 집은 크고 화려하나 안은 텅텅 비어 있고,
일본의 집은 작으나 속은 빽빽하게 채워 넣었다.
한국은 중국과 일본의 중간 정도로, 크기도 적당하고 채워 넣은 것두 적당하다.

쇠젓가락의 고찰

중국과 일본의 젓가락은 나무젓가락이고, 우리나라는 쇠젓가락을 쓴다. 중국과 일본은 숟가락을 잘 사용하지 않지만 국물을 먹을 때 플라스틱 혹은 나무 숟가락을 쓴다. 반면에 우리나라는 쇠젓가락과 쇠숟가락을 쓴다.

중국과 일본은 밥그릇을 들고 음식을 먹지만 우리나라는 밥그릇을 들고 먹지 않는다. 우리나라가 쇠젓가락 쇠숟가락을 쓰는 것을 보면 우리나라는 금 기운이 발달한 민족이다. 금 기운이란 날카롭고 예리하며 명석한 기운이다. 남을 가르치길 좋아하고 오지랖이 넓은 것은 이런 금 기운 때문이다.

같은 말을 쓰면 비슷해 보인다

서로 다른 색깔, 다른 얼굴, 다른 문화를 지녔어도 같은 말을 쓰면 비슷한 에너지로 보인다. 말에는 그 나라만의 에너지가 담겨 있기 때문이다. 말은 에너지이며, 그 나라의 오랜 문화와 정서가 담긴 결정체이다. 그래서 어떤 얼굴, 어떤 생김새를 하더라도 같은 말을 쓰면 같은 나라 사람처럼 보이는 것이다.

한민족과 유대인의 역할

유대인은 혈통을 운반하는 이동의 역사였고,

한민족은 혈통을 간직하는 보존의 역사였다.

유대인은 여러 나라를 전전하다가 세계대전을 기점으로 자신들의 터를 잡았다. 이동이 끝났다는 것은 운반의 역할이 끝났다는 뜻이다.

한민족은 세계대전을 기점으로 이동이 시작되었다. 이동이 시작되었다는 것은 혈통을 잇는 역할이 끝났다는 뜻이다.

│ 땅의 주인

붉은 땅의 주인은 적인(인디언)이고,

흰 땅(눈의 땅)의 주인은 백인이다.

검은 땅의 주인은 흑인이며,

누런 땅의 주인은 황인이다.

인간의 피부색은 땅의 색깔을 닮았다.

│ 인종적 역할과 사명

지구 인류사의 큰 틀에서 황인, 백인, 흑인은 각각 인종적 역할과 사명을 지니고 있다.

백인은 물질문명의 기초를 세웠고,

황인은 정신문명의 시초이자 마지막 통합의 주역이며,

흑인은 이전 문명의 땅의 주인들이었다.

앵글로색슨족

미국 땅(붉은 땅)을 점령해 들어온 민족은 가장 호전적 종족인 앵글로색슨족(흰 땅)이다. 오랜 아메리카 땅의 주인을 내쫓고 새로운 문명을 일구기 위해 투입된 종족이다.

적인의 땅

백인은 흑인을 데리고 적인(인디언)의 땅을 점령했다.

아리조나와 조지아

아리조나는 협곡으로 이루어진 산이고
조지아는 숲이 우거진 평지이다.
아리조나는 양기가 서린 신성한 장소이고,
조지아는 음기가 서린 신성한 장소이다.

흑인 선조

고대에는 흑인이 주인이던 시절이 있었다. 문명이 멸망한 후 백인 주도의 세계점령이 시작되면서 흑인들은 아프리카에서 노예로 끌려오기 시작했다. 노예로 끌려온 흑인들은 흑인 중에서도 흑인 문명의 지도자급에 해당하는 이들이었다. 낮은 급의 흑인들은 아프리카 땅에 그대로 머무르게 되고, 대체로

똑똑하고 건강한 흑인들이 끌려오게 되었다. 아프리카 땅에서 미국으로 끌려간 흑인 노예들은 그냥 끌려간 사람들이 아니라 대자연의 움직임 속에서 꼭 필요한 이들이 미국 땅으로 들어가게 된 것이다. 그들은 낯선 땅에서 백인의 노예로 온갖 고생 속에 힘겹게 대를 이어갔고, 1980년대부터 흑인들이 문화적으로 꽃을 피우기 시작했는데 음악계와 스포츠계로 들어온 흑인들은 미국 땅에 문화혁명을 일으킨 주역이 된다.

│ 땅의 인종, 풍류의 인종

흑인 인종은 땅의 에너지를 머금은 자연의 에너지 파장대에 맞추어져 있는 인종이다. 이들은 풍류의 인종이다. 그래서 리듬감과 박자감이 좋은 것이다.

│ 백인과 흑인

백인은 이성적이고 기계적인 좌뇌적 사고가 발달되었고,
흑인은 직관과 감성의 우뇌적 사고가 발달되었다.

│ 알라와 여호와

이슬람 문명의 대표 신인 알라는 이슬람을 믿는 국가들에 '석유'라는 신물을 주었고, 기독교 문명의 대표 신인 여호와는 기독교를 믿는 국가들에 '화폐'라는 선물을 주었다.

│한반도의 조상신

대대로 조상제사를 지내던 한반도는 조상신에게 '신기'라는 선물을 받았다.

│3대의 길

누군가는 처음 길을 만들고, 누군가는 그것을 확장했으며, 누군가는 한 단계 업그레이드시킨다. 1대는 길을 내고, 2대는 길을 확장하며, 3대에서는 두 갈래로 갈린다. 차원 업그레이드하든가, 아니면 정리하고 없어지든가.

│문명의 극성

남성 에너지가 극을 치면 전쟁이 일어나고
여성 에너지가 극을 치면 자연재해가 일어난다.
어느 한쪽으로든 극을 치면 과히 좋은 것은 못 된다.

│인간의 문명

인간이 만든 문명이란, 우리 인간이 먹고, 싸고, 자고, 종족을 번식하기 위한, 즉 생존본능을 위한 물질들을 만들어 가면서 성장 발전해 왔다. 누울 집이 있어야 하고, 물이 나오는 시설이 있어야 하며, 음식을 만들기 위한 각종 채소와 음식 재료들이 필요하며, 배출을 위한 화장실이 필요하고, 종족을 이어야 하기에 결혼을 하고 아기를 낳으며, 아기를 기르기 위해 쓰일 물품과 가르칠 교육이 필요하다. 이런 생활을 영위하기 위해 노동을 해야 하는 구조로 이 문명 시스템이 만들어져 왔다.

불완전함을 완전함으로

우리 인간의 문명이란, 철저히 생존본능을 유지하기 위해 만들어졌다. 불완전함을 완전함으로 만들기 위해 수많은 물질들을 탄생시켰다. 좀 더 편리한 것을 만들고, 좀 더 유용한 물건을 만들며, 기존에 만들어진 물건의 오류를 잡아 더 완벽한 물질을 탄생시키는 그 과정에서 수많은 물질이 생산되었다. 그러고 보면 인간의 문명이란, 완전한 것을 만들어 가기 위해 만들어진 불완전한 것들의 성(城)이다. 결국 불완전을 완전으로 돌리고, 좀 더 신의 창조물에 가깝게 만들어 가려고 노력하면서 인간은 점점 신의 영역으로 진입하려 하고 있다.

길을 만드는 사람

누군가의 최초 발명은 그다음을 잇는 발명가에 의해 **좀** 더 진화되어 간다. 처음 길을 만드는 사람은 외롭고 힘들다. 길이 아닌 길을 만들어 가야 하기 때문에 수많은 시행착오를 거치면서 단단한 의식의 벽마저 부수어야만 그 길로 나아갈 수 있다. 대부분의 인간들이 의식의 단단한 벽에 부딪혀 좌절하는 경우가 많다.

처음 길을 내는 사람

처음 길을 내는 사람은 단단한 의식의 벽을 뚫는 '해커'이다. 그들은 남들과는 다른 인생을 살며, 남들과는 다른 생각을 가지고 산다. 누군가 가지고 있는 생각과 이상이 시대와 맞아떨어지면 그 생각은 세상을 움직이는 생각이 되고, 그 생각이 시대와 맞아떨어지지 않으면, 세상과 다리를 놓아줄 제2의 사람에 의해 그 사상이 세상에 나온다. 발자취를 따라가는 다음 사람, 또 그다음 사람이 길을 내면, 언젠가 그 길은 많은 사람이 걸을 수 있는 대로(大路)가 되는 것이다.

역사

│ 신의 나라, 대한민국

우리나라의 경우, 임진왜란-병자호란-일제 침략기까지 계속된 침략의 역사였다. 외부에서 치고 들어오는 전쟁의 기운은 변화의 시그널이었음에도 불구하고 변화보다는 종족 보존에 더 힘을 썼던 민족이다. 이후 6·25 전쟁까지 전 국토가 폐허가 된 이후에야 비로소 변화에 가속도를 붙여 발 빠르게 성장하기 시작하였다. 너무 성장에만 몰입하다가 주변을 돌아보라고 IMF 사태를 맞이하였다. 아무것도 없어진 이후에야 비로소 고집을 내려놓고, 시대적 흐름을 따라갈 수 있었다. '빨리빨리'는 괜히 생긴 말이 아니다. 과거 우리나라처럼 느린 나라는 없었지만, 지금은 시대적 흐름을 가장 빠르게 따라가는 나라가 되었다.

우리나라 사람처럼 고집 세고, 질투심 많고, 서로 물어뜯고,

우리나라만큼 피해의식이 강한 민족도 없을 것이다. 기가 센 만큼, 고집이 센 만큼 세게 맞는 법이다. 이제는 어느 정도 물질적 성장을 이뤘기 때문에 도덕적으로 성숙한 나라를 만들어 나가는 것이 관건일 것이다.

왕족들이 숨어들어오는 지역

이 한반도라는 나라 자체가 중원 대륙으로부터 왕족들이 죽음을 피해 숨어들어오는 소도와 같은 지역이었으며, 대륙의 동쪽 맨 끝에 산으로 둘러쳐져 고립된 지역이기도 하다. 숨기에는 좋은 지정학적 위치를 지니고 있다.

저항과 대립

모든 이야기는 저항과 대립이 있어야 극이 전개되고 이야기가 더 극적으로 바뀐다. 저항과 대립을 끝내려면 더 큰 힘이 들어와야만 모든 것을 평정시킬 수 있다.

왕(王)이란?

왕(王)이라는 한자는 천지인을 관통하는 사람이다. 사람 중에 으뜸인 자가 바로 왕이며, 하늘을 알고 땅을 아는 자가 진정한 왕이다.

우주를 이루는 만물 가운데 가장 신령하고 도덕적인 존재가 사람이고 그 많은 사람 가운데 덕이 가장 커서 드높아진 존재가 바로 왕이 된다.

왕의 자리

왕은 삼각형의 꼭짓점에 위치해야 한다. 왕이 좌파든 우파든 어느 한 곳에 소속이 되는 순간 균형은 무너진다. 왕은 중립성을 가져야 하고 공정성을 가져야 한다. 그런데 왕이 어느 한 당파에 정신적으로든 물질적으로든 소속이 되는 순간 왕으로서 가져야 할 중립성은 무너지고 만다. 그래서 왕은 힘들고 외로운 자리이기도 하다.

왕은 함부로 사랑해서는 안 되는 자리

왕은 함부로 사랑하기 힘든 자리이다. 누군가가 왕의 마음을 빼앗으면 세상을 움직일 수 있는 권력을 갖게 되는 것이기 때문에, 왕은 쉽게 마음을 내어주면 안 된다.

자미원

북극성과 북두칠성이 있는 하늘의 중심을 자미원이라 한다. 자미원은 우주의 중심이자 하느님인 옥황상제가 있는 자리이다. 옥황상제가 지구에 내려오면 지구 중심 혈 자리로 내려올 것이고, 중심 혈 자리는 상제 몸을 실을 수 있는 왕이 앉게 된다. 아무리 그 자리를 탐낸다 하더라도 자미원의 기운을 품을 수 있는 큰 기운만이 그 혈자리에서 살아남는다.

무사 정권 – 무당 정권

고려 정권은 힘이 지배하는 무사 정권이었고,
신라 정권은 문화와 예술로 지배하는 무당 정권이었다.
무사는 남성성이고, 무당은 여성성이다.

신라 무당 정권

신라는 불교 색채의 무당이 이끄는 마지막 나라였다. 여성성을 포함하고 있기 때문에 신라 화랑이 화장을 했던 것이고, 여왕이 탄생할 수 있었던 것이다.

고려 무사 정권

고려 정권의 초반은 통일신라의 불교사상을 이어받아 종교성을 띠는 불교 정권이었다가 고구려 후예의 무사들이 정권을 잡으면서 무사 정권이 되었다. 다시 남성성이 극을 치게 되었다. 이때는 북방 무사들이 힘을 받는 시기였고, 몽골이 유라

시아 대륙을 정벌하기 시작한 때였다. 그래서 고려 시대에 무신정권이 들어설 수 있었던 배경이기도 하다.

무사와 사무라이

사무라이의 뜻에 사용되는 侍라는 글자는 '귀인을 호위하는 사람', '귀인을 가까이에서 모시는 사람'이라는 뜻이다. 즉 귀한 사람을 지키고 보호하는 임무가 주어진 사람을 '사무라이'라고 한다.

사무라이에서 '사무'를 거꾸로 읽으면 '무사'가 된다.

반역과 혁명

새로운 흐름에도 '때'라는 것이 있다.
새로운 흐름이 '때'를 잘못 타면 반역이 되는 것이고
'때'를 잘 타면 혁명이 되는 것이다.

정도전–정몽주–이방원

정도전은 왕을 견제할 수 있는 신권을 원했고,
정몽주는 고려의 충실한 신하가 되길 원했으며,
이방원은 자신이 직접 강력한 군주가 되길 바랐다.
정도전은 이상주의자이 속성을 지니고 있고,

정몽주는 정통과 관습을 지키는 보수적 속성을 지니고 있으며,

이방원은 권력적 속성이 강한 현실주의자였다.

신권과 왕권

조선은 신권과 왕권의 싸움이었다. 외부에서 전쟁이 일어나지 않으면 내부에서 권력다툼이 일어났고, 신권이 강해지면 왕이 죽어나고, 왕권이 강해지면 신하가 죽어난다.

권력을 가지려는 자

조선 시대는 왕권 중심이냐 사대부(귀족) 중심이냐를 놓고 벌이는 권력 싸움이었다면, 지금은 왕권이 없이 좌파와 우파가 서로 권력을 잡으려 애쓰고 있다. 좌파든 우파든 이들에게 중요한 건 국민이 아니라 '권력' 그 자체다.

새로운 권력이 들어서면 권력을 잡은 자는 권력을 가지려는 자(역모자)를 처단할 수밖에 없었고, 힘을 잃은 세력은 지하로 숨어들어가 때를 기다려야만 했다.

사화의 원인

누가 최고 권력자의 후계자가 되느냐의 문제는 매우 민감한

사항이다. 마지막 죽는 사람이 뒤끝을 매끄럽게 처리하지 못하고 죽으면 꼭 사화(士禍)가 일어난다. 역사가 그랬다. 2인자끼리의 힘과 힘의 대결이 펼쳐지는 것이다.

대의

대의란 소수를 위한 것이 아니라 만인을 위한 것이다. 진정한 대의란 위에서부터 아래까지 관통하여 널리 이롭게 만드는 것, 이것이 바로 대의(大義)이다.

세종의 대의

세종은 어리석은 백성들을 위하여 한글을 만든다고 했다. 한글을 만드는 것이 세종의 대의이며 그 대상이 되는 어리석은 백성들도 대의에 엮일 수밖에 없다. 왜? 자신들을 위한, 자신들을 이롭게 하는 것이기 때문이다.

한글 창제와 IT 기술

한글 창제는 IT 세상을 위한 발판이었다. 우리가 사용하고 있는 문자메시지, 컴퓨터 자판까지 보면 볼수록 한글의 위대함을 느낀다.

소통의 도구

언어는 소통의 도구이다. 인터넷은 소통의 환경을 만들었고, 기술은 소통의 시간을 단축시켰다. 우리 손에 있는 스마트폰은 1인 통신 도구이다.

앞으로의 세상은 시간과 공간을 초월한 초스피드 소통의 세상이 된다. 지구 반대편 사람과도 얼굴을 보며 통화할 수 있고, 언어는 바로바로 통역된다. 기술의 발전이 세계를 하나로 소통시키고 있다.

정보의 홍수

지금의 세상은 전 국민이 글을 읽고 쓸 줄 알아도 수많은 정보 홍수 속에서 무엇이 진짜인지 가짜인지 구별하기조차 힘들어졌다. 이제는 정보가 너무 많아서 헷갈리는 세상이다. 옛날엔 정보를 몰라서 당하는 세상이었지만, 지금은 정보가 너무 많아서 당하는 세상이다.

민중이 당하는 이유

민중은 큰 그림을 볼 줄 모르기 때문에 당하는 것이다. 당장 눈앞의 이익과 순간의 감정에 몰입되기 때문이다. 지배자들은 이런 민중의 심리를 이용해 왔다.

노예제도

우리나라의 신분제를 비롯하여 지구상의 노예제도는 전쟁으로 인해 생겨난 결과이다. 부족과 부족이 전쟁을 하여 지는 쪽은 승자들의 노예가 되었고 그들에게는 최소한의 옷과 음식을 준 뒤 노동을 시켰다. 스파르타군은 여러 개의 부족들을 복속시켜 노동을 하는 노예국가로 삼았으며 자신들은 군사훈련에 열중하였다. 이렇듯 노예제도는 부족과 부족 간의 전쟁이 만들어 낸 결과이다.

국교와 깃발

기독교를 국교로 삼는 국가들은 십자가 형태의 깃발을 가지고 있고, 불교를 국교로 삼는 국가들은 원 형태의 깃발을 가지고 있으며, 이슬람을 국교로 삼는 국가들은 달과 별 형태의 깃발을 가지고 있다.

종교

| 종교와 무(巫)

우리나라의 종교는 여러 가지 종교가 공존하면서도 서양처럼 피의 종교전쟁은 없었다. 왜냐하면 우리나라에 들어오는 모든 종교는 우리나라만의 방식으로 변형되었기 때문이다. 우리나라에 들어오는 모든 종교는 무속신앙과 접목이 되어 외국과는 전혀 다른 종교양상을 띠게 되었다.

기독교, 가톨릭, 불교, 민족종교 그밖에 사이비 이단 종교까지 무속이 들어가 있지 않은 종교는 종교가 아닐 정도로, 민간신앙 속에 전수되어 왔던 무(巫)의 흡입력은 그만큼 대단했다.

| 의식의 매개체 종교

종교는 인간의식을 하나로 묶는 매개체이자 도구이며, 국가를 세우는 데 있어서 매우 중요한 이념을 만든다. 우리나라의 경우 6·25 전쟁 이후 미국이 들어오면서 개신교가 들어오게 되었다. 특이한 점은 우리나라의 경우, 불교, 기독교, 천주교, 도교, 유교 등등 수많은 종파가 빠르게 번성하였고 다양성도 그대로 보존하고 있었다.

기도와 종교는 상관이 없다

기도는 간절한 마음을 담는 에너지 행위이다. 기도라는 에너지는 특정 종교와는 아무런 상관이 없는 행위이다. 교회에 다니든, 절에 다니든, 무교든 간에 누구든 간절한 마음을 담아 기도할 수 있다. 즉 기도란, '간절한 염원의 마음 에너지를 쓰겠다'는 의지이다.

마음 에너지는 한 사람의 힘보다 여러 사람의 힘이 모이면 더 큰 힘을 발휘하게 마련이다. 이런 에너지 힘을 교회나 절에서 활용하고 있는 것이다.

종교는 마음 장사

종교는 마음 장사이다. 대신 빌어 주고 대신 기도해 주는 곳이 바로 종교다. 한 사람의 힘보다 여러 사람의 힘을 빌릴 수 있는 곳이 바로 종교이다.

종교적 체험

사람들이 착각하는 것 중 하나가 어떤 종교단체에서 어떤 체험이나 경험을 하게 되면 그 종교를 맹신하게 되는데 그러한 체험은 꼭 그 단체에서만 체험하는 것이 아니다. 인간이 모이는 곳, 즉 인간의 마음 에너지가 모이는 곳에서는 누구나 경험할 수 있는 체험들이다.

믿음의 힘

믿음은 미래의 방향성을 정하는 마음의 힘이다. 가고자 하는 미래의 길을 분명하고 명확하게 다지는 힘이다. 종교가들은 이 믿음의 힘을 잘 활용한다.

믿음, 소망, 사랑

믿음, 소망, 사랑이라는 그리스도교 이념에는 물질 창조의 비밀이 숨어 있다. 무언가 바라는 바를 정하고(소망), 이미 이루어졌다고 믿으며(믿음), 소망이 이루어졌음에 감사의 에너지(사랑)를 전하는 것, 이것이 바로 미래에 이루어질 소망을 현재 시간 속으로 당겨오는 방법이다. 바라는 바가 없으면 이룰 창조가 없는 것이고, 믿지 않으면 창조의 힘이 생기질 않으며, 감사의 마음이 없으면 신도 도와주지 않는다. 이것을 깊이 통찰해 보길 바란다.

한마음 한뜻이 역사를 만든다

함께 기도하고 함께 노래 부르며 한마음 한뜻으로 집중하면 교회가 아니더라도 역사는 일어나고 기적이 만들어지며 변화는 일어난다. 하나님이어서 가능한 것이 아니라 한마음 한뜻이어서 가능한 것이다.

신을 찾을 때

사람들이 잘나갈 때는 신을 찾지 않는다. 자신의 길이 막혔을 때, 운이 하락했을 때, 일이 안 풀릴 때, 많이 아플 때, 신을 찾는다. 신을 찾을 때는 밖에서 찾지 말고 자기 마음 안에서 찾아라. 신은 종교단체에 있는 것이 아니라 내 마음 안에 있다.

병을 낫게 해 준 것은

만약 교회나 절에 가서 병이 나았다면 고립되고 정체된 환경을 바꿔주면서 정체된 에너지가 순환되고 막혔던 혈이 뚫리면서 병이 나은 것이지 하나님이나 부처님이 병을 낫게 해준 것은 아니다.

낫고자 하는 간절한 마음이 새로운 변화의 흐름을 이끌었고 여기에 사람들의 에너지인 인기(人氣)를 받아서 병이 나은 것이다. 하나님을 믿어서 부처님을 믿어서 병이 나은 게 아니라 고집이 꺾이면서 차도가 있었던 것이다.

종교를 만드는 인간의식

예수를 믿든, 부처를 믿든 간에 인간은 자신이 믿는 신을 창조하고, 창조된 신에 의해 지배받는다. 예수를 믿는 사람들의 의식끼리 모여 천당과 지옥을 만드는 것이며, 부처를 믿는 사람들의 의식끼리 모여 육도윤회의 길을 만드는 것이다.

49재

49재는 영혼 위로제이다. 49재를 한다고 해서 영혼이 떠나는 것도 아니다. 49재는 원과 한이 많은 영혼을 달래주려 하는 것이지 원도 한도 없이 저세상으로 간 사람에게는 별 필요가 없다. 한 생 잘살다 갔는데 무슨 원한이 남아서 구천을 떠돌겠는가? 따라서 고인 살아생전 원한이 많으면 49재를 해도 되나 원한이 없다고 판단되면 굳이 할 필요는 없다. 49재는 죽은 자를 위한 것이 아니라 산 자가 마음을 정리하기 위한 방편의 도이다.

무당이란?

무당은 에너지를 돌려내는 사람들이다. 무당 에너지가 많은 사람은 에너지를 돌려내지 못하면 몸이 아픈 법이다. 그래서 이들은 사람을 상대하면서 기운을 돌려낸다.

무당의 나라

대한민국은 무당의 나라이다. 너도나도 한 신기 하는 사람들이 모여있다. 그래서 대부분 척! 보면 척! 하고 안다. 기감이 탁월하고 역동성이 넘치는 곳이 대한민국이다. 한반도가 작은 땅이긴 해도 멸망한 왕조 혹은 숨어들어온 왕족들이 모인 땅이라서 예로부터 프라이드가 강했고 타민족에 대한 배타성도 컸다.

흑무당, 백무당

무당은 흑무당과 백무당으로 나뉜다. 전체기운을 돌려 인류의 의식상승에 도움이 되도록 하는 무당을 백무당(White shaman)이라 하고, 가문 또는 그룹의 이익이나 명예를 얻기 위해 기운을 돌리는 무당을 흑무당(Black shaman)이라 한다.

엑소테릭 종교, 에서테릭 종교

지구에 정치권력을 가지고 있는 기득권 종교인 기독교, 가톨릭, 유대교, 불교, 이슬람은 엑소테릭(exoteric: 대중을 위한 종교) 종교이고, 그노시스, 카발라 신비주의, 티베트 불교, 이슬람 수피즘은 에서테릭(esoteric: 소수를 위한 비전종교) 종교이다.

엑소테릭(exoteric)	에서테릭(esoteric)
기독교, 가톨릭	그노시즘(영지주의)
유대교	카발라 신비주의
불교	티베트 밀교
이슬람교	수피즘

비밀종교

프리메이슨은 비밀종교이다. 어느 종교냐면 바로 이집트 종교이다. 고대 이집트로부터 내려온 비밀지식과 서양 오컬트 철학을 그 기저에 깔고 있다. 기독교에서는 자신의 하나님을 선, 프리메이슨의 하나님을 악으로 두고, 선과 악의 구도로 이끌고 가는데 기독교 또한 프리메이슨이 지배하는 하위 조직일 뿐이다. 즉 에서테릭(esoteric) 종교가 프리메이슨이고, 엑소테릭(exoteric) 종교가 기독교, 가톨릭이다.

마법 종교

세계를 움직이는 최상층부들은 미신이라 취급하는 마법을 비밀리에 활용하고 있었다. 그들이 바로 프리메이슨이다. 프리메이슨은 마법의 종교이다. 일반 서민들은 접근하지 못하게 미신으로 취급하게 만들어 버리고 정작 마법은 그들의 전유물이 되었다.

점성술과 천문학은 하나였다

점성술은 원래 천문학과 하나였다. 그런데 과학이라는 분야가 분리되고부터 점성술에서 천문학이 과학의 한 분야로 떨어져 나갔다. 사실 이런 경우는 많다.

연금술에서 화학이 탄생되었고,
수비학에서 수학이 탄생되었고,
점성술에서 천문학이 탄생되었고,
자연철학에서 물리학이 탄생되었다.

고대 지식인은 연금술, 수비학, 점성술, 자연철학, 의학 등을 총망라한 마법사였다.

마녀와 무녀

서양 무당을 마녀라고 하고, 동양 무당을 무녀라고 한다. 마녀, 무녀 모두 [여인], [어머니], [여신] 코드가 들어있다. 마녀와 무녀 모두 초자연적인 기운을 감지하고 운용할 줄 아는 지구 어머니의 딸들이다.

샤머니즘

샤머니즘(shamanism)은 초자연적인 힘, 즉 자연에 내재된 힘을 실생활에 이용했던 것으로, 무교(巫敎) 또는 무술(巫術)이다. 이것은 종교가 아니라 생활 그 자체였으나 지금은 원시종교 혹은 미신으로 치부되어 버렸다. 샤머니즘은 아시아 지역 특히 시베리아, 만주, 중국, 한국, 일본 등지에서 주로 볼 수 있는데, 이는 북방 민족의 특징이기도 하다.

토테미즘

토테미즘은 토템(totem)을 숭배하는 사상이다. 자연의 특정한 동식물과 각 집단이 특수한 관계를 맺고 있다는 믿음이다. 이러한 믿음은 금기를 형성하였고, 이러한 규율은 집단 구성원을 통제하는 힘이 되었다. 태평양 일대의 오스트레일리아, 멜라네시아, 폴리네시아, 그리고 인도, 아프리카 등지에 넓게

분포되어 있는 것을 보면 토테미즘은 남방족의 특징이다.

음기가 센 땅, 한반도

한반도는 음기가 센 땅이다. 1만 년 전 모계사회부터 여성의 기가 센 지역이 한반도인데 조선왕조가 들어서면서 500년간 여성의 기를 눌러놓았다.

음양의 중심센터 '궁'

'궁'은 음양 에너지를 관장하는 중심센터이다. 가뭄이 들면 궁녀를 궁 밖으로 내보냈고 홍수가 나면 궁녀를 더 뽑았다. 가뭄이 드는 것은 양기가 강해서 일어나는 현상이기에 궁녀를 궁 밖으로 내보내서 양기를 조절하였고, 홍수가 나는 것은 음기가 강해서 일어나는 현상이기에 음기를 품은 여성을 궁 안으로 들여 음기를 조절했다. 그리고 예로부터 남근 숭배 사상이 있는 지역은 음기가 센 지역이었고, 음기가 센 땅에는 큰 나무를 심었다.

음기가 센 땅, 제주도

제주도 땅은 음기가 센 땅이라서 돌하르방을 세워 음양을 조절하였다. 대대로 여성의 음기가 세기 때문에 남자들의 밍

이 짧았다. 이곳은 고대 무대륙 땅의 일부였다.

종교와 여성

종교를 부흥시키는 것도 여성이요,
종교를 먹여 살리는 것도 여성이다.

보이는 세계, 보이지 않는 세계

보이는 세계는 보이지 않는 세계로부터 에너지를 얻고,
보이지 않는 세계는 보이는 세계로부터 에너지를 얻는다.
태어나는 이는 저 세계의 정보를 가지고 오고,
죽는 이는 이 세계의 정보를 저 세계로 가져간다.
이 세계와 저 세계는 그렇게 순환이 된다.
보이지 않는 반쪽 세계는 금기의 세계이다.
보이지 않는 반쪽 세계가 바로 영적인 세계이다.

정치와 권력

반쪽 세계

세상을 지배하는 자들은 인간무리에게 보이는 것만 믿으라고 세뇌하고 주입한다. 반쪽의 세계 즉 보이는 세계만이 진실이라며 보이지 않는 반쪽의 세상은 들어올 수 없게 차단해 버렸다. 그래야 민중을 노예화할 수 있기 때문이다.

인간의 광기

정치가나 종교가들은 인간들의 집단무의식 속에 있는 광기를 이용하여 그들의 권력을 잡는 데 이용한다. 권력가의 욕망과 무지한 인간의 감정적 해방이 맞물려 인간의 광기가 터져 나온다. 혼자 하면 살인이지만 다수가 하면 면제받는 집단적 광기만큼 무서운 것은 없다. 권력자들은 짓눌린 인간 욕망의 감정체를 자극히어 무지한 인간들을 조종해 왔다.

권력투쟁

서로 간 권력투쟁에서는 선도 악도 없다. 생사가 걸린 문제라 어떻게든 살아남는 자가 승자가 되는 법이다. 권력이라는 힘은 더 독한 사람이 얻게 되어 있다. 정에 약해지는 순간 힘은 밀리게 된다. 정치적 권력에 있어서 정(情)이란 불필요한 감정이기도 하다. 정치인이 정이라는 감정에 끌려 들어가는 순간 상대의 힘에 말려들어 간다.

생사여탈권을 쥔 직업

생사여탈권을 쥔 직업으로는 의료계와 법조계가 있다. 이들 손에 사람이 살고 죽는다. 검사는 권력과 힘을 얻고, 의사는 명예와 돈을 얻는다. 권력과 힘을 위해, 누군가는 죄가 생기고 누군가는 죄가 덮어진다. 있는 죄를 부각하는 것도, 있던 죄를 없애는 것도, 모두 그들 손에 달려 있다. 그들의 판단에 사람이 죽고 산다. 한마디로 하늘의 사자들이다.

사람을 움직이는 방법

누군가는 '약점'을 가지고 사람을 움직이고
누군가는 '양심'을 가지고 사람을 움직인다.
아랫사람들은 돈이냐 양심이냐의 경계선에서 움직인다.

돈이냐 양심이냐의 기로에서 돈을 선택하는 사람은 미래가 보장될 것이라 믿기 때문에 돈을 선택한 것이고, 양심을 선택하는 사람은 마음이 편해지는 것을 선택한 것이다.

권력의 최상부에 아브락사스가 정좌한다

권력의 최정점에는 선과 악을 동시에 가지고 있는 '아브락사스'가 정좌하고 있다. 권력의 최정점으로 올라가려는 자는 양심을 가지고 올라가지 않는다. 반면에 권력을 잡은 자들은 민중들에게 양심을 요구한다.

공산화는 의식을 평준화한다

평등을 외친다는 것은 시대적 의식 수준을 평준화한다는 이야기이다. 왕조 체제가 극에 달했을 무렵 대중들의 의식 수준이 귀족 수준만큼 올라왔을 때 서양에서는 비로소 평등사상이 힘을 받는 공산주의가 탄생했다. 공산주의 탄생은 전체 의식 수준이 향상되었을 때 생겨난다.

성장이 더 필요할 때는 공산주의보다는 자본주의를 통해 성장하게 되고, 성장이 다 끝나고 나면 다시 의식의 평준화를 만드는 공산 사회주의가 고개를 든다.

중국의 공산주의

중국은 공산주의를 택하면서 성장하려는 의식 수준을 일정 부분 묶어놓았고, 아래 계급의 성장이 어느 정도 이루어진 후에 자본주의를 받아들였다. 자본주의가 들어서는 순간 위와 아래의 수준 차이는 급격하게 벌어질 것이고, 간극이 커지면 커질수록 체제전복의 씨앗이 자라나게 된다.

십자가의 원리

성장은 의식의 수직적 흐름이고, 평등은 의식의 수평적 흐름이다. 성장과 평등의 힘이 십자가를 만들고 의식을 회전시킨다.

정치적 라인줄

이쪽 줄에 서느냐 저쪽 줄에 서느냐는 각자 이익에 따라서 달라진다. 두 라인이 형성되었을 때는 제3의 인물이 어디에 서느냐가 매우 중요하다. 3서열의 힘에 따라 두 라인의 힘의 우세가 기울기 때문이다.

도박 같은 승부

운이 하강하는 현존의 실권자를 잡을 것인가? 운이 상승하는 모험적 인물의 라인줄을 잡을 것인가? 여기에서 한 끗 누가 어느 라인줄에 서느냐에 따라 같이 망해가느냐 혹은 같이 상승하느냐의 갈림길에 서게 된다. 이것이 역사와 정치의 묘미이기도 하다. 변화의 시기에는 어쨌거나 도박 같은 승부를 걸어야 한다.

정치에서 선과 악이란 없다

정치라는 것이 누가 대의명분을 잡느냐에 따라 힘이 몰리기 마련인데 정치에서 선과 악이란 없다. 절대 선도 절대 악도 없고 다수의 이익이 존재할 뿐이다.

누가 더 수긍이 가고 누가 더 이익을 주는 정책을 제시하느냐에 따라 민심이 움직이는데 사실 민심이라는 것도 인간적 본능에서 나오는 마음일 뿐이다. 자신에게 이익이 되면 좋은 정책이요, 반하면 나쁜 정책이 되는 것이다. 중요한 것은 어떤 정치인을 뽑느냐가 중요한 것이 아니라 국민 개개인이 어떤 생각과 어떤 마인드를 가지고 있느냐가 중요하다.

인류역사상 가장 뛰어난 흑무당

인류역사상 가장 뛰어난 정치 흑무당은 히틀러이고,
인류역사상 가장 뛰어난 연예 흑무당은 마이클 잭슨이다

뛰어난 정치적 수완가, 클레오파트라

클레오파트라는 실제적 미인이라기보다는 자신을 잘 갖춘 여인이었다. 왕족의 혈통뿐만 아니라 높은 교양과 아름다운 목소리, 그리고 지성과 정치적 수완, 더불어 이집트의 여신처럼 행동하는 그녀의 모습은 백성들에게 선망의 대상이 되었고, 이웃 로마의 장군들도 그녀에 대한 일종의 신비감을 갖게 되었다. 그녀는 이집트 파라오 여신이었다. 지금으로 이야기하자면 연예인처럼 자신을 태양신 '라'의 딸로 포장하고, 그에 걸맞는 연기 그리고 탁월한 정치적 수완, 이것들이 결합되어 클레오파트라를 지상 최고 미녀의 자리에 올려놓은 것이다.

연예 무당, 정치 무당

연예인도, 정치인도 모두 '무당끼'가 있어야 가능하다. '무당끼'란 사람 마음을 움직이는 힘이 있는 사람을 말한다. 사람들은 포장된 이미지 때문에 이들이 무당인 줄은 미처 모른다.

중간 계급

하위 계급은 약자이기 때문에 퍼줘야 하고,
상위 계급은 돈과 힘이 있기 때문에 무시 못 하고,
결국, 위와 아래에 치이는 것은 중간 계급이다.

정치에 관심을 두는 부류

정치에 관심을 두는 부류는 가장 아래 계급이거나, 가장 위 계급이다. 아래 계급은 하는 일마다 안 풀리고, 잘못 살아온 결괏값을 받고 있음에도 불구하고 이러한 모든 문제점을 사회 탓, 국가 탓으로 돌리면서 국가에 무언가를 바라는 마음이 생기게 된다. 이들은 프롤레타리아식 혁명을 원하고, 복지와 무상분배를 원한다.

시오니즘과 마르크스주의

시오니즘과 마르크스주의는 미국과 소련의 기저 사상이다. 유대 프리메이슨이 세운 미국과 유대 마르크스주의자들이 세운 소련이 있다. 이들 모두 신세계를 만들고자 하는 이념이었으며, 소련과 미국을 세운 그 기저에 유대인이 있었다. 독일은 신세계 질서를 만들려고 하는 유대인과의 전쟁을 벌인 것이다.

전쟁

전쟁은 신의 작업이다

전쟁이란, 누군가에게는 기회요, 누군가에게는 저주이다. 어떤 이는 전쟁으로 성공하고, 어떤 이는 전쟁으로 죽는다. 전쟁은 뺏고 뺏기는 본능이 충돌하는 지점이지만, 아이러니하게도 인류 의식을 끌어올리는 신(神)의 작업이기도 하다.

전쟁은 판을 짜는 과정

보잘것없는 인간 입장에서는 거대한 이념의 물결에 휩쓸리는 것이지만, 신의 입장에서는 거대한 물결을 일으켜 판을 짜는 과정이다. 이때에는 빠르게 운이 교차한다. 누군가는 성공하고 누군가는 떨어지고, 만날 수 없는 인연을 만나게 하기도 하고, 전혀 갈 수 없는 지역으로 이동하기도 하며, 사랑하는 사람과 헤어지기도 한다.

전쟁은 운명의 교차점이다

전쟁은 누군가를 부자로 만들어 주기도 하였고, 누군가는 모든 걸 빼앗겨 버리기도 하였다. 전쟁으로 누군가는 뜨고, 누군가는 졌다. 전쟁으로 이득을 본 사람이 있고, 전쟁으로 손해를 본 사람도 있다. 즉 전쟁이란, 운명의 여신이 운을 뒤바꾸는 운명의 교차점과 같은 것이다.

전쟁은 인연을 재배치한다

전쟁은 많은 사람을 재배치하고 이동시켰으며 움직임을 촉발했다. 터를 떠나야 했고, 인연과 인연이 찢어져야 했으며, 천륜이 끊어지기도 한, 새로운 인연의 판을 엮는 과정이었다.

문명은 인류 희생의 대가

전쟁은 인류를 극한으로 몰아붙이면서 인간의식을 끌어올리는 촉매제 역할을 하였다. 이때 온갖 실험을 할 수 있었고, 그 결과 지금의 우리가 누리는 수많은 의학기술과 과학기술은 그 전쟁통에 만들어진 인류 희생의 대가이다.

인간의 한계를 끌어올린 사람

지금 우리가 누리고 있는 물질적 편의는 1, 2차 세계대전을 치르면서 발명된 것들이 많다. 히틀러라는 악역은 인간의 한계를 극한으로 몰아붙이면서 인간의 모든 창의력과 모든 기술력을 쥐어짜고 탄생시킨 주역이기도 하다.

살생부

2차 세계대전 당시, 누군가를 죽이고 누군가를 살리는 신의 살생부가 결정되었다. 죽이는 살생부와 살리는 살생부가 함께 공존한다. 많은 수의 인명을 살리는 사람과 죽이는 사람은 특정 신이 실리면서 살생부를 결정하게 된다.

승자의 역사

역사를 살필 때 누가 잘하고 누가 잘못했냐를 판단할 것이 아니라 시대적 흐름이 누구에게 힘을 실어주고 있었는가를 살피는 것이 필요하다. 시대적으로 필요한 사람이 있고 필요치 않은 사람이 있다. 어차피 승자의 역사이기 때문에 승자에게는 영웅의 타이틀이 붙여지고, 패자에게는 역적이라는 타이틀이 붙는다.

전쟁에 이기는 쪽은

덕장보다 더 뛰어난 장수는 운이 좋은 운장(運將)이다. 전쟁이란 기 싸움에서 승패가 1차로 갈리고, 2차로는 운(運)을 강하게 타는 쪽이 승리한다. 에너지 흐름을 잘 다루는 장수는 운을 잘 살피는 장수이고, 이는 물러설 때와 나아갈 때를 기가 막히게 아는 장수이기도 하다. 따라서 장수(將帥)도 기운의 흐름과 성패를 다루는 무당인 셈이다.

운 좋은 사람 옆에 있으면 무엇을 해도 승승장구 잘 되지만, 운 나쁜 사람 옆에 있으면 무엇을 해도 안 된다.

| 6 · 25 전쟁의 의미

6·25 전쟁은 이 나라를 폐허로 만들고 다시 시작하는 하늘의 리셋 신호탄이었다. 아무것도 남기지 않은 채 목숨줄만 붙여놓고 새로 다시 시작하게 만드는 지구적 사건이었다.

6·25 전쟁은 이 한반도에 새로운 프로젝트를 가동하기 위한 하나의 장치였다. 그 와중에 살아남아야 하는 자와 죽을 자로 분류가 되어 살아남을 자는 어떻게든 살아남을 수 있었던 기적과 같은 일들이 발생하였다. 그전까지 우리 민족은 어떻게든 씨줄을 이어야 했던 민족이었고, 6·25 전쟁이 발발하면서 역할을 이어갈 가문과 역할이 종료되는 가문이 결정지어졌다.

십자가 중심점

물리적 전쟁(6·25 전쟁)이 끝나고 난 뒤에도 이 한반도 남한 땅은 언제나 힘과 힘이 충돌하는 볼텍스 지점이었다. 이곳 한반도의 싸움은 좌와 우, 그리고 남과 북의 싸움뿐만이 아니라, 세계의 이념전쟁이 이곳에서 치러지고 있다는 사실이다. 십자가 중심점에 대한민국이 있다.

사람들이 잘나갈 때는 신을 찾지 않는다.
자신의 길이 막혔을 때, 운이 하락했을 때,
일이 안 풀릴 때, 많이 아플 때, 신을 찾는다.

인류통찰

✻ 과학통찰 ✻

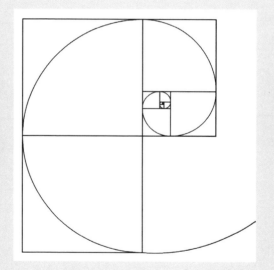

중력 법칙

원뿔과 시간

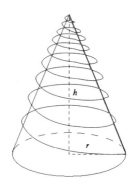

상대성 이론이나 중력의 법칙을 이해할 때, 가장 직관적 도형은 원뿔이다. 위쪽의 작은 원이 한 바퀴 도는 시간과 아래쪽의 큰 원이 한 바퀴 도는 시간을 비교하면, 위의 원이 천천히 한 바퀴 돌 동안에 아래 원은 빠르게 돌아야 한다. 그래서 원뿔 맨 위 꼭짓점 부근은 천천히 느리게 시간이 흐른다. 반면에 아래쪽 바닥면은 시간이 빠르게 흐른다.

케플러 법칙

달은 지구를 돌고 지구는 태양을 돈다. 작은 행성은 더 큰 행성 주위를 타원형으로 도는데, 태양을 중심으로 행성이 타원궤도를 그리면서 공전하는 법칙을 '케플러 법칙'이라고 한다.

중력 0의 지점, 라그랑주 점

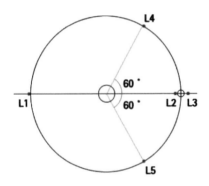

케플러 운동을 하는 두 천체가 있을 때, 그 주위에 중력이 0이 되는 지점이 있다. 중력이 0이 되는 지점은 5개의 점으로 '라그랑주 점(Lagrangian point)'이라 부른다. 즉 행성과 행성이 공전을 할 때 형성되는 균형점으로 이 지점은 중력이 0이 된다. 앞 그림의 L1, L2, L3, L4, L5가 라그랑주 점이다.

라그랑주 점은 중력의 영향을 받지 않게 되는 평형점을 말한다. 이 지점에서는 상대적으로 작은 행성이 질량이 큰 두 행성으로 끌려 들어가지 않고 정지 상태에 머물 수 있다. 그래서 이러한 지점에 인공위성을 설치하는 것이다.

제3의 힘

라그랑주 점과 같이 중력 0의 균형상태는 인간관계의 법칙에도 그대로 적용된다. 질량이 큰 두 사람의 힘과 힘의 관계성 속에 이 두 힘보다는 비교적 작은 제3의 에너지가 들어오게 되면 제3의 에너지가 어느 한쪽에 쏠리지 않는 일종의 힘의 균형이 생기는 지점이 있다.

즉 두 사람의 힘의 크기가 막상막하일 때 새로운 3자가 들어오면 3의 에너지로 들어온 자가 양쪽 힘의 균형을 맞추는 균형자가 된다. 양쪽에서 함부로 건드리지 못하는 힘의 균형자로 힘의 균형자가 어느 쪽으로 쏠리느냐에 따라서 분산되기도 하고 힘의 균형이 맞춰지기도 하는 것이다.

힘의 균형자

힘의 균형자는 한쪽에 쏠리면 안 된다. 힘이 한쪽에 실리는 순간 삼각 트라이앵글은 깨져 버리게 된다. 따라서 라그랑주 점의 균형자는 적절한 거리를 유지하고 적절한 힘을 가지고 있어야 삼각균형을 만들 수 있다.

중력 = 사랑

중력과 사랑의 공통점은 시간과 공간을 초월한다는 것이다. 중력은 끌어당기는 힘이다. 큰 힘에 작은 힘이 끌려오듯, 중력의 힘은 공간을 구부리고, 시간을 바꾼다. 마찬가지로 사랑 또한 끌어당기고 시간을 바꾸고 변성을 시킨다.

변성의 힘

사람이 변할 때는 몇 가지 때가 있는데 그중에서 두 가지를 말하자면 첫째는 죽을 때와 둘째는 사랑할 때이다.

사랑은 변성의 힘이 강하다. 사랑의 에너지가 돌면 사람이 변하기 시작한다. 자신의 기본 성향은 잘 바뀌진 않지만 사랑을 하게 되면 바꾸려고 노력하게 된다. 또한 카르마가 사람을 개과천선하게 만들기도 한다. 삶의 고됨을 겪으면서 고집을 내려놓게 되고 고집이 꺾일 때 사람이 변하게 된다.

개과천선

개과천선을 비유해 표현하자면 역방향으로 과속하던 차가

갑자기 자신이 잘못된 길을 가고 있음을 깨닫고 급커브를 돌아 자신의 길을 제대로 들어가는 것으로 비유할 수 있다.

∣ 끌어당기는 힘

무언가를 끌어당기는 강력한 힘! 사람과 사람 사이에도 끌어당기는 힘이 존재한다. 작은 기운은 큰 기운에 끌어당겨지듯, 풀어야 할 무언가가 있는 사람들은 서로 끌어당겨진다. 우연처럼 보이는 사건을 통해…

시간 법칙

시간의 개념

시간은 일직선이 아니라 원뿔 모양으로 흐른다. 지구에서 시간은 너무 길게 늘어지기 때문에 과거-현재-미래로 흐르는 것처럼 보이지만 상위차원에서 보면 시간은 과거-현재-미래가 통합되어 존재하고 있다. 우리는 통합된 시간을 길게 늘여서 체험하는 중이다.

산 자의 시간

산 자에게 시간이란 과거 현재 미래로 시간이 흘러가는 것처럼 보인다. 과거는 이미 저장된 시간이고, 현재는 선택의 시간이며, 미래는 가능성의 시간이다. 우리는 이미 저장된 정보를 통해 선택을 하고 선택하면서 미래를 만들어 간다.

죽은 자의 시간

육신을 벗는 순간 영혼은 과거 현재 미래가 통합된 시간을 느낀다. 미래를 알기 때문에 죽은 영혼이 예지를 줄 수 있는 것이다.

오늘이라는 창조의 시간

오늘이라는 시간은 과거 전생의 과오를 바로잡을 수 있는 기회이자, 내가 원하는 미래를 창조할 수 있는 기회가 주어지는 소중한 시간이다. 그동안 잘못 길들어진 습관을 고칠 수 있는 것도 오늘이고, 더 좋은 미래를 만들어 갈 수 있는 시간도 오늘이다.

오늘이라는 축복의 시간

오늘이라는 시간은 신이 우리에게 내린 축복의 시간이다. 내게 주어진 유일한 기회의 시간이기 때문이다.

당신은 어느 시간을 지나는가?

스스로 자신을 판단할 때, 지금 현재 답답하고 괴롭다면 전생 혹은 과거의 과오에 대한 대가를 받는 중이며, 지금 현재 충만하다면 미래를 창조할 수 있는 에너지가 주어졌다는 뜻이다.

도킹의 시간

인연이 만난다는 것은 같은 시간, 같은 공간에 엮이는 것이다. 누군가는 이렇게 도달했고, 누군가는 저렇게 도달해서 한자리에 모인 것이다. 각자 모인 방법과 노력은 다르지만 같은 공간에 서 있는 것이다. 그 자리에 도착하기까지 누군가가 들인 시간과 노력은 각자만의 고뇌와 어려움을 가지고 도달한 것이다.

메시지 전달 속도

IT 발전은 인간의 의식이 전달되는 속도를 현저히 줄여나갔다. 과거 시대에는 메시지를 전달할 때 말을 타고 달려가 몇박 며칠이 걸리던 일들이 지금은 즉각 가능하다. IT 발전이 시간과 공간을 단축시켰다.

의식 전달 측면에서도 옛날에는 의식이 퍼지기까지 오랜 시간이 걸렸지만 지금은 바로바로 가능하다. 따라서 인간 카르마의 속도도 엄청 빨라졌다. 즉 카르마를 바로바로 받는다는 이야기다. 다음 생까지 넘어갈 필요 없이 이번 생에 줄 것은 주고 받을 것은 받는 시대가 되었다.

| 세계표준시 1

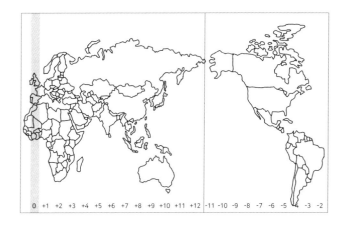

세계표준시를 UTC(Universal Time Coordinated)라고 하는데 GMT(영국 그리니치)가 세계협정시로 채택되었다. GMT는 영국 그리니치 천문대를 자오선의 기준점으로 정한 시간이다. 따라서 UTC 세계협정시는 일명 GMT라고도 한다.

대한민국 표준시(KST; Korea Standard Time, UTC+09:00)로 표시되어 있다면 세계협정시(UTC)보다 9시간이 빠르다는 이야기이다.

| 세계표준시 2

영국은 세계표준시의 기준섬을 민들었다. 즉 자신들이 위치한 곳을 중심점 삼아 시간의 축을 만든 것이고, 시간을 지배하고 있는 것이다.

│ 로즈라인

자오선을 로즈라인(Rose Line)이라고 하는데 로즈라인이란 본초자오선이라는 뜻도 있지만, 신비적 용어로 막달라 마리아와 예수의 혈통을 뜻하기도 한다. 이 로즈라인이 영국의 로슬린 예배당과 프랑스 루브르 박물관을 따라 연결되어 있는데, 소설 『다빈치 코드』에서는 이 로즈라인에 대한 설명이 잘 나와 있다.

로슬린 예배당은 스코틀랜드 에딘버러 남쪽 11km 지점으로, 로슬린 예배당은 암호가 담긴 혹은 돌로 만든 태피스트리라고 불릴 정도로 신비한 텔리즈먼 예배당이다. 스코틀랜드와 프랑스는 막달라 코드가 숨겨진 중요한 지역이다.

│ 출생시

아기라는 육체에 영혼이 입식될 때 그때가 바로 출생시가 된다. 영혼 입식이 되는 순간은 아이가 울음을 터뜨릴 때 이루어지고 육체에 영혼 입식이 되었다는 것은 인간이 되었음을 의미한다. 따라서 아이의 출생시는 아이가 울음을 터뜨리는 그 시간을 재면 된다. 그때부터가 본격적인 인간이 되었음을 알려주는 시간이 된다.

동지와 하지

동지는 해가 가장 짧아지고 밤이 길어지는 날이다.
낮이 가장 길어지는 시간을 '하지'라 하고,
낮이 가장 짧아지는 시간을 '동지'라 한다.
하지는 양기가 극을 치는 시간이고,
동지는 음기가 극을 치는 시간이다.

달의 공전주기와 여성의 주기

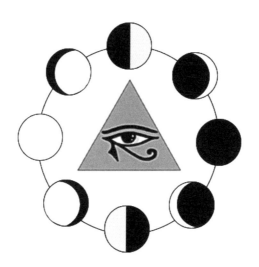

달의 공전주기가 28일이듯, 여성의 생리 주기도 28일이다. 달은 7일간의 간격으로 상현달, 보름달, 하현달, 그믐달 주기를 돌 듯, 여성도 7일 동안 살을 찌워서(상현달) 7일간 아름다움을 내뿜고(보름달), 7일 동안 다이어트를 한 뒤(하현달), 7일 동안 청소한다(그믐달). 초승달은 소녀이고 보름달은 부인이며 그믐달은 마녀이다. 여성은 14일 동안 자궁에 달을 품고 수태되지 않으면 자궁 청소에 들어간다. 청소는 마녀 담당이다.

이승사자

의사는 저승으로 가야 할 영혼을 이승에 붙잡아 두는 이승사자이다. 이승의 사자는 아무나 하는 것이 아니다.

저승사자가 이승에서 저승으로 영혼을 이동시키는 사람이라면, 이승사자는 저승으로 가는 시간을 미루는 사람이다. 즉 골든타임을 쥐고 있는 사람이다.

골든타임

사느냐 죽느냐 생과 사의 타임에 들어가는 것을 '골든타임'이라 한다. 아이가 이생에 태어나는 시를 맞추듯, 죽는 자도 저생의 시간을 맞추려 한다. 이것이 바로 골든타임이다. 골든타임 시간은 이승사자와 저승사자의 줄다리기가 시작되는 시간이다.

죽음의 시간

죽음의 시간은 이승과 저승의 문이 열리는 시간이고, 이때 많은 영혼이 들락날락 오가게 된다. 장례식장은 조상들이 오고 가고, 귀들이 오고 가는 장소이다.

회전 법칙

볼텍스, 와동혈

지구의 중요 혈자리를 '볼텍스' 혹은 '와동(渦動)혈'이라고 부른다. 볼텍스는 소용돌이, 회오리 모양처럼 회전하는 에너지 형상을 띄고 있는데 회오리바람이나 태풍처럼 회전하는 에너지장을 볼텍스장이라고 한다. 우리가 자연에서 볼 수 있는 볼텍스는 은하계 모양부터 태풍 그리고 식물에서 머리 가마까지 회전하는 에너지체이며, 이 볼텍스는 거대한 힘의 원천이 된다.

머리 가마는 왜 회전체일까?

지구에 발생하는 전자기장처럼 인체에도 전자기장이 발생한다. 우리 눈에는 보이지 않지만 태어나서 기가 우리 몸으로 들어올 때 회전하면서 들어오기 때문에 가마 모양이 회전하는 은하계 모양을 닮은 것이다.

볼텍스와 블랙홀

볼텍스는 블랙홀을 형성한다. 블랙홀이 형성된 곳은 주변의 기운을 빨아들이기 때문에 순간 머리가 핑 돌면서 어지럽기도 하다. 이러한 지역은 신성한 지역으로 분류되며, 볼텍스가 강한 지역은 다른 차원으로 이동하는 포털이 생길 수 있다.

태극의 볼텍스

서로 다른 극성이 만나면 회전이 생긴다. 마찬가지로 서로 다른 기운이 만나면 회전이 발생하고 에너지장이 형성된다. 즉 태극의 힘이 만들어지는 것이다.

성질이 다른 두 에너지의 충돌은 막강한 힘을 발생시키고, 두 에너지가 혼합되면서 형태와 힘을 점점 키워나간다. 따뜻한 기압골과 차가운 기압골이 만나 태풍을 만들듯, 여성과 남성이 만나는 것도 서로 다른 기운이 충돌하면서 혼합되기 위한 과정이므로, 이 또한 태극의 볼텍스가 형성되는 것이다. 태극의 볼텍스가 형성되면 영혼이 들어올 수 있는 통로가 열린다. 이 통로로 아이 영혼이 들어오는 것이다.

여성과 남성의 결혼

여성과 남성이 만나 결혼하는 것도 태풍이 발생하는 것과 동일하다. 전기적 속성을 띠고 있는 남성은 따뜻한 기압골(붉은색)이고, 자기적 속성을 띠고 있는 여성은 찬 기압골(푸른색)이며, 두 에너지가 만나는 것은 '태극'을 닮았다.

여성화 남성화

어머니에게 지나친 전기적 속성을 빼앗긴 아들은 여성성을 띠게 된다. 남녀가 만나 시간이 흐르면 전자기적 에너지 교환으로 여성은 남성화가 되고 남성은 여성화가 되어간다. 남성을 많이 상대하는 여성일수록 양기가 충만해진다.

지구의 나침반, 북극성

지금의 북극성은 폴라리스다. 천구의 북쪽에 위치한다고 하여 북극성이라는 이름을 붙인 것이다. 북극성을 찾으려면 큰곰자리 북두칠성 국자 시작 부분 두 개의 별을 쭉 연결하면 작은곰자리에 반짝이는 별이 보인다. 그 별이 폴라리스다. 현시대를 사는 우리에게 북극성은 별자리 나침반이 되는 별이다.

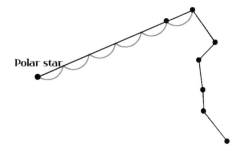

Polar star

북극성이 천구 북극에 좌정한 이유는 지구 자전축의 북쪽에 위치하기 때문에 그 자리에 멈춰 서 있는 것처럼 보이는 것이다.

현재의 북극성은 작은곰자리 꼬리에 있는 알파별 폴라리스가 북극성이다. 기원전 3000년경에는 어두운 별 용자리 알파별 투반이 북극성이었고, 1만 2천 년 전에는 우리가 직녀성이라 부르는 베가(Vega)가 북극성이었다.

돈의 이름도 회전하는 모양체이다

우리나라 돈은 돈 액수 뒤에 원(won)이라고 붙인다. 왜 원이라고 했을까 생각해 보니 동전 모양이 둥글어서 원이라고 한 것이다. 그런데 백 원, 천 원, 만 원의 원도 원을 상징하지만, '천'도 그렇고 '만'도 모두 하늘 ○(원)을 상징하고 있다.

원은 둥근 모양의 동전을 말하고, 천은 둥근 하늘 모양이고, 만은 卍이 회전하는 모습이다. 태풍 모양으로 회전하면 둥글게 보이는 것이 卍자이다. 돈에는 움직이는 하늘의 모양이 들어가 있다. 그래서 계속 흘러야 하는 것이 돈이다.

움직임의 역학

피라미드 꼭대기 상층부의 운동량은 아주 적은 반면, 하층부는 회전할 때 운동량이 많아진다. 최상층부에 있는 왕의 자리는 움직임 자체가 적다. 한마디 말, 한마디 손짓은 아래로 내려가면 이리저리 바쁜 움직임을 일으킨다. 즉 나비효과처럼 중심의 작은 움직임이 아래로 내려가면 커다란 움직임이 되어 버린다.

인체의 템포

가슴 위쪽은 느림이고 가슴 아래쪽은 빠름이다.

가슴 위쪽은 정신이고 가슴 아래쪽은 물질이다.

뇌의 간단한 신호에 따라 팔다리가 바쁘게 움직여지는 것과 같다.

정신에 집중하는 사람일수록 '느림의 템포'를 가지고 있고, 물질에 집중하는 사람일수록 '빠름의 템포'를 가지고 있다.

진동과 공명

공진현상이란?

공진현상이란? 소리굽쇠를 때려 진동시킬 때 이 소리굽쇠와 진동수가 정확히 일치하는 다른 소리굽쇠는 때리지 않아도 진동한다. 즉 외부에서 힘을 가할 때 진동수가 같은 것끼리는 동시반응한다는 뜻이다.

공진과 공명

특정 진동수에서 큰 진폭으로 진동하는 현상을 공명현상이라 한다. 공명 진동수에서는 작은 힘을 사용해도 큰 진폭의 에너지를 전달할 수 있다. 전기공학적 진동계에서는 '공명'을 '공진'이라 부른다. 공명의 조건이 유사하고 진동체가 서로 연결되어 있는 경우 에너지 교환이 쉽게 이루어진다.

인간 세상의 공명현상

모든 물체는 자기만의 진동수를 가지고 있다. 인간의식 세계에서도 이 공진현상은 광범위하게 적용할 수 있다. 어떤 외부 충격이나 외부에서 힘이 가해지면 비슷한 파장을 지닌 사람들은 동시적으로 반응을 한다. 자신이 직접 외부 충격을 받지 않았음에도 불구하고 감정적 반응을 하게 된다.

어떤 사건이 터졌을 때, 어떤 사람은 반응하지 않고, 어떤 사람은 강하게 반응한다. 강하게 반응하는 사람은 터진 사건과 비슷한 진동 주파수대에서 진동하고 있어서 강하게 반응을 하는 것이다. 감정이 강하게 발동했다는 것은 그 파장대에서 함께 진동하고 있다는 뜻이다.

MRI(자기공명영상법)

MRI는 공명현상을 이용한 최첨단 의료기기이다. 인체의 70%는 물로 이루어져 있다. 물(H_2O) 원소는 수소핵을 갖는데 핵은 자기장 방향에 맞추어 스스로 회전한다. 즉 핵의 세차운동이 일어나는 것이다. 이때 외부에서 고주파의 자기장을 쏘면 더 큰 질서를 가진 진동파가 유입되면서 회전 방향이 바뀐다. 이것이 '자기유도'이다. 이 고주파 흐름을 차단하면 핵은 원래 회전 방향으로 천천히 되돌아간다. 이때 전자기파를 발

생시키는데 이 전자기파를 컴퓨터로 볼 수 있는 기법이 MRI
이다. 사물이든 인간이든 원래로 복원하려는 힘이 존재한다.

│ 인연의 자기유도

인간과 인간 사이에서도 나보다 큰 기운의 사람이 인연으로
들어오면 순간적으로 상대에게 맞추어 원래의 나를 바꾸지만,
인연의 영향력이 끝나면 원래의 자기 본성으로 되돌아가려 한
다. 이것이 인연의 자기유도이다.

│ 자기유도방식이란?

둘둘 말아 감은 코일에 교류 전기를 흘리면 자기장이 형성
되고, 가까운 곳에 있는 다른 코일에 전기가 유도되는 원리이
다. 즉 기계에 자기장을 형성시켜 주변 전도체로 전기가 유도
되는 원리를 이용한 것이다.

│ 인간의 자기유도방식

인간에게도 자기유도방식이 적용된다. 한 사람이 우울한 감
정에 몰입되어 있으면, 그 사람의 파장은 고스란히 주변에 전
달이 되어 같은 공간 안에 머무는 사람들 전체가 우울한 감정
에 휩싸인다.

인간도 전자기 에너지가 있기 때문에 자기장을 형성하고, 또 주변 사람들에게 서로 영향을 끼치고 할 수 있는 것이다. 특히 감정체의 경우, 전염이 잘 된다. 그래서 우울한 사람 주변으로는 우울한 파장이 감돌고, 그러한 파장을 주변 사람들도 쉽게 감지할 수 있는 것이다.

인간의 기 에너지 충전

인간은 에너지를 충전할 때, 음식물로도 에너지를 섭취하겠지만 인기(人氣)를 통해서도 에너지를 충전한다. 어떤 사람은 사람에게 기를 빼앗기고, 어떤 사람은 사람에게 기를 충전 받는다. 즉 전력이 많은 주유소 같은 사람이 있는가 하면, 많은 전력을 필요로 하는 사람도 있다. 특히 카르마가 강하게 돌면 많은 전력을 필요로 한다.

에너지 관리를 잘 하는 사람은 전력이 많은 주유소 같은 사람이지만, 반대로 어떤 사람은 여기저기 기를 빨리고, 또 기를 흡수하러 돌아다닌다.

당신은 어떤 유형인가? 에너지를 주는 사람인가? 에너지를 뺏는 사람인가? 또 어디에 에너지를 빨리고, 또 누구를 통해 에너지를 섭취하는가?

전기적 자기적 흐름

전기적 흐름은 '방출'이고 자기적 흐름은 '수축'이다.

전기적 흐름은 '내어줌'이고 자기적 흐름은 '받아들임'이다.

전기적 흐름은 '불 원소'이고 자기적 흐름은 '물 원소'이다.

전자기적 에너지의 현실 활용 예

- 금기된 지역에 들어갈 때 왼발부터 들어간다.
- 타로 카드에서 질문자는 왼손으로 카드를 뗀다.

오른손, 오른발은 전기적 흐름이고, 왼손, 왼발은 자기적 흐름이다. 영적인 일을 진행할 때 왼손, 왼발을 사용하는 이유는 에너지를 발산하지 않고 조심스럽게 음의 영역으로 들어가겠다는 의미이다.

전자기 색상

전기적 흐름은 붉은색을 띠고, 자기적 흐름은 짙은 푸른색을 띤다. 남자의 색은 붉은색, 여자의 색은 푸른색이다. 붉은색은 양기이고, 파란색은 음기이다. 색상의 특질을 살펴보더라도 붉은색은 방출이고 파란색은 수렴이다. 그래서 결혼할 때 청실홍실 꼬아서 보내는 것이다. 이것은 곧 여성과 남성의 에너지를 하나로 합하여 서로 부족한 부분을 채우라는 뜻이다. 빨간색은 발산이기 때문에 무속에서 귀신을 쫓을 때 붉은 팥과 붉은 글씨의 부적을 사용하는 것이다.

│ 여성과 남성의 전자기 흐름

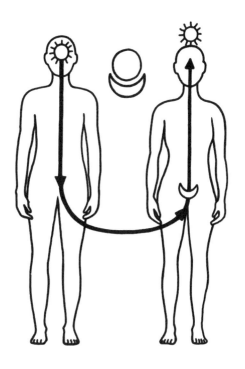

　여성은 자기적 흐름이고, 남성은 전기적 흐름을 가지고 있다. 서로 반대되는 극성을 가지고 있기 때문에 끌리는 것이다. 에너지 교환 시 남자의 전기적 흐름은 하단전에 모이고 여자의 하단전은 자기적이므로 남성의 전기적 흐름을 받아들여 머리로 이동시킨다. 따라서 남자는 전기적 흐름으로 방출하고 여자는 자기적 흐름으로 받아들이고 저장한다.

남녀가 서로 하단전 에너지 교환을 하게 되면 남자는 기를 하단전으로 내리고 여자는 머리로 올려서 회전을 시킨다. 이때 발생하는 에너지 모양은 대극의 형태를 띠게 된다.

생명 에너지

자연으로부터 얻어진 음식물을 잘 흡수하고 잘 돌려내기만 해도 건강하게 천수를 누릴 수 있다. 그러나 인간의 생각이, 관념이, 이 통로를 막아버려 스스로 생명 에너지를 차단한 채로 인간의 전자기 에너지를 흡수하며 살고 있다.

의식 에너지

우리가 의식을 두는 곳에 에너지는 흘러 들어간다. 마음을 열어둔 곳에 에너지가 흘러 들어가듯이, 의식을 두는 곳에 생명의 에너지가 흘러 들어가고, 의식을 두지 않으면 우리의 시야에서 사라져 버린다.

부정 에너지

부정 에너지는 자연스럽게 흐르는 생명 에너지를 차단한다. 생명 에너지가 흐르는 통로가 부정 에너지로 인해 차단되어 일정 임계치에 이르게 되면 질병이 발생한다.

우리는 생각만으로도 에너지를 주고받을 수 있다. 나의 에너지가 충만할 때는 부족한 사람에게 흘러 들어가고, 나의 에너지가 부족할 때는 풍족한 사람의 기운을 끌어당긴다.

인기(人氣) 에너지

인간의 생명 에너지는 전자기 에너지로 만들어지고, 이런 전자기 에너지가 인기(人氣) 에너지를 형성한다. 생명 에너지가 부족한 사람은 에너지가 충만한 사람을 생각만 해도 기분이 좋아지고 편안해진다. 자신의 부족한 에너지를 상대의 에너지로부터 끌어 당겨와 채우고 있는 것이다. 자신 스스로가 우주의 에너지를 채울 수 있음에도 불구하고 간편하고 빠른 방법인 사람을 통해 에너지를 취하고자 한다.

평균 에너지

사람들이 많이 모이면 그 에너지는 섞여버려 나중에는 평균의 에너지를 동시에 느끼게 된다.

텔리즈먼 에너지

텔리즈먼(Talisman)이란, 물체에 깃드는 힘이다. 물체에 강한 염(念)을 불어넣으면 그 물체는 하나의 살아있는 에너지체가 된다. 신의 호흡이 인간 육신에 깃들어 있듯이 인간의 호흡은 물체를 살아 숨 쉬게 만든다. 자신이 자주 사용하는 물건에는 자신만의 고유에너지가 담기듯, 인간의 염은 강력한 힘을 발휘한다. 자신이 창조해 낸 생각의 사념들을 물질에 불어넣는 것, 이것이 바로 텔리즈먼이다.

물건에 스민 진동에너지

사람이 자주 쓰는 물건 등에는 에너지가 스미게 된다. 내가 쓰는 물건들은 내 파동 안에 머물기 때문에 나와 비슷한 진동을 띄고 있다. 따라서 내가 타인에게 물건을 줄 때는 내 파동 기운을 지워내고 주는 것이 좋다. 물에 세탁을 해도 좋고, 햇볕에 말려도 좋고, 공기에 통풍을 시켜도 좋고 그 물건에 깃든 원소 형태를 각각 불, 물, 공기, 흙 등을 사용하여 바꿔주는 것이다.

과거는 이미 저장된 시간이고,
현재는 선택의 시간이며,
미래는 가능성의 시간이다.

인류통찰

✻ 외계통찰 ✻

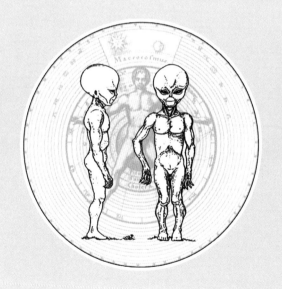

차원

인간의 다차원 몸

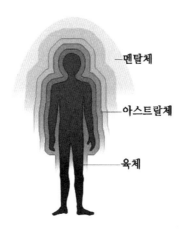

    인간의 다차원 몸은 3개의 차원으로 이루어져 있다. 육체를 감싸고 있는 아스트랄체, 아스트랄체를 감싸고 있는 멘탈체가 있다. 멘탈체-아스트랄체-육체 순으로 점점 밀도가 거칠어지고, 육체는 가장 조악한 밀도이다. 마치 겹겹이 둘러싼 양파처럼, 혹은 겹겹이 낀 장갑처럼 맨 상위 차원은 하위차원을 감싸고 있다. 자신을 둘러싼 에너지체가 물질화된 것이 바로 육체이다.

| 멘탈체-아스트랄체-육체

멘탈체는 하늘 영역인 영의 바다와 연결되어 있고, 육체는 땅의 영역인 지구 물질로 이루어져 있다. 멘탈체는 육체의 상단전과 연결되어 있고, 아스트랄체는 중단전, 육체는 하단전과 연결되어 있다. 즉 멘탈체는 머리, 아스트랄체는 가슴, 육체는 배와 상응한다. 멘탈체와 아스트랄체는 가슴 윗부분과 상응하기 때문에, 죽은 영들을 보는 사람들은 귀신이 다리가 없는 것처럼 보이는 것이다.

| 정신적 에너지의 물질화

정신적 차원의 에너지는 물질화되어 현실 속으로 들어온다. 다르게 표현하자면, 신의 일을 지상에 실현시키려면 인간의 몸이 필요하다. 즉 신은 인간을 통해서 신의 일을 하고 있는 중이다. 따라서 신의 움직임은 인간을 통해 나타나고, 인간에게 떠오르는 영감 또한 신들이 전해 주는 메시지이다.

다차원 몸의 치유

병은 물리적으로 나타나기 전에 우리의 다차원 몸에서부터 병이 들기 시작한다. 아직 물질화되지 않은 상태에서 치유가 되면 육체적인 병으로 발전하지 않는다. 그래서 다차원 몸의 치유가 중요한 것이다. 다차원 에너지 상태를 점검하고 원인을 깨달으면, 자연적인 치유가 이루어진다. 다차원적 몸의 치유는 우리가 자는 동안 이루어진다.

무의식 여행

우리는 잠을 자면서 무의식 세계를 여행한다. 무의식 세계는 육체가 잠든 사이, 꿈의 상징으로 나타난다. 사람들은 매일 밤 무의식 세계에 접속하지만, 의식으로 가져올 수 있는 부분은 빙산의 일각이다.

다차원 여행

꿈은 나를 둘러싼 다차원 영역으로의 여행이다. 다른 말로 표현하면, 아스트랄과 멘탈 세계의 정보이다. 인간의 집단무의식과 개개인의 무의식은 상호 연결되어 있다. 이것은 곧 지구라는 몸과 인간의 몸이 상호 연결되어 있는 것과 유사하다. 따라서 큰 흐름 속에 작은 흐름이 담겨 있듯, 지구의 변화는 자신의 변화와 함께 맞물려 돌아간다.

4차원 영계

인간의 생각과 의식은 보이지 않는 세계를 창조한다. 인간 사념(思念)이 만들어 낸 세계가 바로 4차원 영계이다. 인간의 의식에 의해 창조된 복제판인 보이지 않는 세계(영계)에도 질서는 존재한다. 오랜 시간 인간의식이 창조하고 굳게 믿는 사념은 그 힘이 막강해진다.

영계 차원의 복제

인간의 의식은 신의 속성을 닮았다. 그래서 의식창조가 가능한 것이다. 신의 창조와 파괴 속성을 인간도 가지고 있으므로 인간은 자신도 모르게 영계 차원을 복제하고 있다. 돌고 도는 원처럼 보이는 세계는 보이지 않는 세계에 영향을 받고, 보이지 않는 세계는 보이는 세계에 의해 창조된다. 인간의식이 천당과 지옥을 만들 수 있다면, 인간의식이 천당과 지옥도 지울 수 있는 것이다.

크로스된 차원

보이는 세계와 보이지 않는 세계는 거울처럼 서로를 비추고 있지만 서로 반대되는 속성으로 작용한다. 최초 영의 에너지 에센스는 두 갈래로 갈라지고 역으로 크로스되어 작용하기 때문에 3차원 물질계와 4차원 영계는 서로 크로스되어 연결되어 있다. 이것은 마치 우리 인간의 좌뇌와 우뇌가 목 부분에서 서로 크로스되어 내려오는 것과 비슷하다. 그래서 마법사들이 영계 차원을 엿볼 때 거울이나 수정의 반사 빛을 이용하는 것이다.

영계에 창조되는 의식 복제품

고대로부터 창조된 인간의식의 복제품이자, 마법사들이 창조하는 스키마(기억 속에 각인되는 지식이나 사물)나 엘리멘터리(기본적인 의식 창조물)와 같은 경우, 인간의 념(念)이 생명력을 부여하면서 만들어진 창조물들이다. 이렇게 영계에 창조된 복제품들이 사라지지 않고 오랜 시간 영계에 머물면서 이른바 요괴나 이무기 등 전설 속에 등장하는 괴물이 되어가는 것이다. 사람을 잡아먹는 요괴나 이무기 등도 인간 사념이 만들어 낸 엘리멘터리이지만, 역으로 인간은 엘리멘터리의 지배를 받는다.

외계인

차원 간 손님

외계 생명체는 우리가 눈으로 보이는 물질지구 밖에서 오는 것으로 생각하나 외계 생명체는 차원 간 손님으로 정의할 수 있다. 우리보다 더 오래 지구에서 살고 있는 종족도 있는데, 이들 모두를 외계인이라 지칭한다는 것은 어폐가 있다. 그러나 그들은 우리와 다른 차원의 지구에 살고 있으므로 그들 또한 외계 존재 혹은 외계 생명체라 지칭한다. 또한 인간 외에 고도의 지능을 가진 생명체도 외계 생명체에 포함시킨다.

외계 생명체

외계 생명체는 크게 3가지 분류로 나눌 수 있다.
    1. 파충류형 외계인
    2. 그레이형 외계인

3. 인간형 외계인

위 3가지 유형의 외계인은 지구에서 종종 눈에 띄거나 지구 역사와 밀접한 관련이 있는 존재들이다.

파충류형 외계인

파충류형 외계인을 렙틸리언이라고 하는데, 이들은 그 역사가 오래되었고, 지구 밖 존재와 지구 속 존재 그리고 차원 밖 존재로 나눌 수 있다. 그들은 인류와 뗄 수 없는 연결고리를 가지고 있고, 고대 신화와 전설 속에 종종 등장하였다. 이들은 전면에 드러나지는 않으나 알게 모르게 지구 역사에 영향을 끼쳐왔던 존재들이다.

그레이형 외계인

그레이형 외계인은 우리가 익히 알고 있는 ET형 외계인이다. ET형 외계인이란, 작은 키에 털이 없는 민머리, 큰 두상과 큰 눈을 가지고 있는 존재이다. 그레이형 외계인들은 물질과 반물질 사이의 존재로 3차원 속으로 물질화를 시킬 수 있는 존재들이다. 이들은 대체로 우리 미래의 후손이며, 다른 시간대에서 현실 차원으로 방문하는 손님들이다.

인간형 외계인

인간형 외계인을 '노르딕'이라 부르는데 이들은 주로 서양 백인 모습을 하고 있다. 이들은 차원 간 손님이다. 이들은 우리의 선조이자 미래의 후손에 해당된다. 이들은 종종 서양 채널링에 등장하는 존재들이다.

생체로봇 외계인

지구에 찾아오는 ET형의 외계인은 대부분 아바타로 작동하는 생체로봇이다. 몸은 인간의 생체와 비슷하지만, 몸 전체가 생체형 로봇이며 복제에 의해 태어나고 이들을 조종하는 정신은 본 행성 또는 모선에 있다. 우리 인간이 달에 로봇을 보내 조종하는 것과 유사하다. 다만 이들이 기계로봇이냐 생체로봇이냐의 차이일 뿐.

그레이종과 노르딕종

그레이와 노르딕은 미래에서 온 시간여행자이다. 미래행성에 재앙이 닥쳐 지하로 들어간 이들은 그레이종이 되었고, 다른 행성으로 이주한 종족은 노르딕(인간형)종이 되었다.

그레이 종족의 경우, 그 개체가 다양하고 다양한 시간대에서 찾아오기 때문에 진화의 발달 정도에 따라 그 생김새가 조금씩 다르다.

그레이 우주인이 지구에 찾아오는 이유

그레이 우주인은 포털관리자들로, 지구인들의 방사능 연구
와 사용을 감시하고 있다. 이들이 주로 나타나는 때와 지역은
지구의 핵시설과 전쟁 혹은 지구 재난 시에 자주 나타나며,
지구변화에 관심을 가지고 있는 외계 종족이다.

우리 눈에 보이는 UFO는

지구로 찾아오는 UFO 중 우리 눈으로 볼 수 있는 우주인은
대부분 드론처럼 움직이는 낮은 차원의 정찰용 생명체들이다.
로스웰 우주인은 생명체와 기계의 중간 유기체로 만들어진 안
드로이드 생명체이다. 이보다 더 고차원의 우주인은 인간의
눈에 보이지 않는다. 왜냐하면 파동 자체가 다르기 때문에 눈
으로 볼 수 없으며, 직접적으로 지구를 찾아오면서까지 차원
을 낮추지 않는다.

양자역학과 UFO

UFO는 신기한 광경이 아니라 아주 오랜 옛날부터 함께 존
재해 왔다. 21세기라서 UFO가 갑작스럽게 찾아온 것이 이니

라 우리의 의식이 변하고 있기 때문에 보이는 현상이다.

양자역학으로 설명하자면, 관찰자가 생길 때 나타나는 현상과 같다. 빛이 관찰자가 없으면 간섭무늬 파동으로 존재하다가 관찰자가 있으면 입자로 바뀐다는 연구 결과는 양자역학을 설명하는 중요 논리이다. 관측되기 전까지는 상태가 결정되지 않고 모든 상태의 가능성이 중첩되어 존재하다가 관측이 되면서 어느 하나의 상태가 결정지어지는 것이다. 즉 한마디로 '의식이 미래를 결정지을 수 있다'는 이야기이다.

상징과 메시지

언어로 하는 이야기보다 상징을 통한 이야기는 의미가 더 깊고 더 많은 이야기를 전달한다. 상징으로 던져진 물음의 답은 많은 가능성을 열어주고 그에 대한 진실과 거짓의 판단은 받아들이는 사람 몫이 된다.

우리의 의식만큼 보인다

보고 싶은 것만 보고 믿고 싶은 것만 믿는 한, UFO는 공개되지 않는다.

우리의 의식이 담을 수 있는 만큼만 진보하고,

우리의 의식이 이해할 수 있는 만큼만의 정보가 주어진다.

외계인은 몇차원의 존재일까?

육체를 벗은 영혼은 4차원 존재가 되고, 외계인은 5차원 이상의 존재들이 된다. 4차원 이상은 시공간의 지배를 받지 않기 때문에 동시적으로 나타날 수 있다. 지구의 기술이 시공간을 단축시키면 단축한 시간만큼 차원간 존재들과 통신할 수 있다.

외계통신

외계인들은 투시나 텔레파시로 소통한다.

말이나 언어 또한 시간의 지배를 받기 때문에 상징을 담은 이미지로 통신하는 것이다. 이렇게 차원간 존재들은 영감과 상징코드로 3차원 인간에게 메시지를 준다.

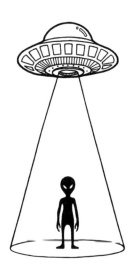

초월세계

범위와 초월

인간은 눈에 보여야만 믿는 존재들이다. 눈앞에 바로 보이지 않으면 믿지 않는, 조금만 형체나 파동을 바꾸어도 인지하지 못하는 존재이다. 가시광선만큼 인지하고, 빨주노초파남보만큼 본다. 너무 커도, 너무 작아도 인지되지 않으며, 인간이 인지할 수 있는 범위가 있다. 이 범위를 초월한 것은 그 어떤 것도 인간의 의식으로 들어올 수 없게끔 세팅이 되어 있다.

인간의 인식범위

인간은 보고 싶은 것만 보고, 믿고 싶은 것만 믿는다. 그렇게 자신의 인식범위를 좁혀야 현실 안에서 물질적으로 잘 살아갈 수 있다. 그러나 인간의 정신은 끝없이 펼치고 확장하고 싶어 하고, 이 시스템을 운영하는 이들은 인간을 지구라는 감옥에 가두어 두려 한다.

우리의 인식이 확장되어 우주까지 뻗어나가면 현실 생활과의 부조화가 생길 수 있기 때문에 물질과 정신은 적절히 균형을 맞추어야 한다.

｜프로그램과 AI

우리 인간은 외부 자극에 의해 의식이 각인되고 이런 경험에 따라 판단하고 행동한다. 인간이 하는 행동이 인간 고유의 판단과 행동이라 생각할지 모르지만, 우리가 하는 행동과 말은 이전에 축적된 경험에 의해 프로그램화되어 있는 대로 판단하고 움직인다. 즉 전생의 경험과 현생의 환경이 자신의 경험이자 자극이 되고 이러한 배경 속에서 어떤 선택을 하고 판단을 한다.

결국 우리 인간도 AI처럼 어떤 프로그램이 되어 있는 존재이다. 스스로 판단하고 생각한다고 하지만 우리의 생각조차도 그 전생의 결과와 현생의 경험이 총합이 되어 판단하고 움직인 것이다.

｜의식의 네트워크망

인터넷망과 의식의 네트워크망은 유사점이 많다. 인터넷망이 연결되면서 우리의 의식 네트워크망도 더욱 다양해지고 복잡해졌다. 인터넷망이 전 세계를 몇 초 내에 연결하듯, 의식 네트워크망도 생각만으로도 가동이 되며, 수만 킬로를 눈 깜짝할 사이에 전달한다. 즉 생각을 떠올림과 동시에 타고 들어온다. 의식 네트워크망은 공간과 시간을 초월한 전송 방법이다.

지구에 최적화된 존재

인간이 육신을 가지고 지구 밖으로 나가 버틴다는 것 자체가 무척 힘이 드는 일이다. 지구에 최적화된 존재가 바로 인간이다. 우리 인간은 육신의 '나약함'과 인간 정신의 '고귀함'을 동시에 지니고 있다. 인간 육신만 놓고 본다면 지구 밖으로 나가면 전혀 쓸모없는 존재가 되는 나약한 존재이지만, 인간의 정신은 신을 닮은 고귀한 존재라는 것을 알 수 있다.

인공지능의 탄생

생명이 없는 기계에 생명력을 불어넣듯, 인간의 생각 방식을 기계에 주입하면서 인공지능이 탄생한다. 신이 인간의 육신에 영혼을 불어넣듯, 우리 인간은 기계에 생각을 주입하고 있다.

신이 인간 육신에 영혼을 담을 때, 전생의 정보를 토대로 영혼 에센스를 담듯, 우리 인간은 기계에 우리 인간들의 사고 패턴을 입식시킨다. 우리 인간은 신을 닮았고 신을 복제하면서 따라가고, 기계는 점점 인간화가 되어가고 있다.

AI를 교육하는 중

AI 기술은 새로운 세상을 여는 신호탄이다. 인간들은 지금 AI를 교육하는 중이고, 미래에는 AI가 인간을 교육할 것이다. 생각한 대로 현실이 되고, 꿈꾸는 대로 이루어지는 세상을 눈앞에 두고 있다.

AI와 신기

AI기술이 발전할수록, AI가 갖지 못하는 영역, 바로 신기 영역이 미래에 위대한 재능이 될 것이다. 신기가 있는 사람은 사람의식을 움직이게 만들고, 신기가 있는 사람은 사람 운명도 바꿀 수 있기 때문이다.

4차원으로 넘어가는 관문의 시대

지금의 시대는 3차원에서 4차원으로 넘어가는 관문의 시대이다. 평평한 대지 위에 단층으로 집을 짓던 시대를 지나 고층으로 선물을 쌓아 올리고, 물질에 생각을 부여하고, 인간이 쌓아 올린 수많은 정보를 인공지능이라는 통합 데이터 속으로 옮기는 작업을 하고 있다. 현실의 모든 것은 창조되었고, 이제는 현실을 가상현실 속으로 옮기고 있다. 가상현실과 증강현실은 인류가 4차원으로 들어가는 관문을 열어줄 것이다.

4차원으로 이사 중

지구는 지금 이사 중이다. 3차원 현실에서 4차원 가상현실로 이주하는 중이다. 컴퓨터 속 세상에 새로운 차원을 창조하고 있다. 코로나바이러스는 인간들을 컴퓨터 속 환경으로 이주시키기 위한 방편이었다. 우리 삶을 사진과 동영상으로 찍고 웹상에 올려놓고 있으며, 우리가 가는 식당, 우리가 하는 행위, 모두 컴퓨터 속에 저장되고 있다. 인간들의 일거수일투족이 모두 웹 세상으로 들어가고 있다.

메타버스란?

메타버스란, Meta와 Universe를 조합한 말이다. 번역하면 '초월세상'이라고도 할 수 있다. 현실세계를 초월한 세상, 현실인지 가상인지 구분이 되지 않는 혼재된 세상이라는 의미이다. 현실적 기반을 바탕으로 구현된 가상세계가 바로 '메타버스'이다. 메타버스 안에서는 현실과 비슷한 환경을 구축해 놓

고 현실과 비슷한 삶을 영위하려 한다. 가상현실, 증강현실이
혼합된 세상이다.

메타버스와 아바타

우리는 지금 실물세계 그대로 가상세계에 구현하려 한다.
그 가상세계를 이름하여 메타버스라 부른다. 메타버스 안에
빌딩을 짓고, 건물을 올리며, 그곳에 사무실이 입점하고, 사람
들은 실제 사무실로 출근하는 것이 아니라 메타버스의 사무
실로 출근을 한다. 아바타로 출근하여 출석체크를 하고, 문서
는 메일로 전송하고, 대화는 메타버스 내에서 아바타와 아바
타끼리 대화를 한다. 아바타들이 모여 회의를 진행하고 회의
내용은 그대로 저장된다.

4차원 홀로그램 공간

인간의 상상으로 만들어진 세상을 4차원 홀로그램 공간 안
에 펼치려 한다. 우리들의 삶을, 우리들의 환경을, 모두 컴퓨
터 환경 속에 그대로 구축하려 한다. 그 안에서 인간은 신이
된다. 인간이 신이 되어 아바타를 창조하고 아바타가 사는 환
경을 만들고, 그 안에서 새로운 문명을 일구려 한다.

인간은 좀 더 진화하여 신의 영역으로 들어가려 한다. 4차

원 세계는 신이 활동하는 세상이다. 우리가 곧 신이 되어 우리가 사는 세상을 만들려 한다. 그곳에서는 우리는 모두 전지전능하다.

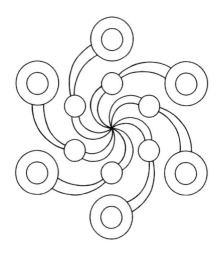

보이는 세계와 보이지 않는 세계는
거울처럼 서로를 비추고 있지만
서로 반대되는 속성으로 작용한다.

에필로그

우리 인간 삶의 목적은 의식의 진화 발전에 있다. 물질적 진화와 맞추어 정신적 진화를 이루어야 물질을 잘 다룰 수 있게 된다. 물질이란 잘 다루는 사람에게 주어지는 선물과 같은 것이다.

기술 문명이 발달할수록 인간의식도 맞추어 발달해야 하지만 인간의식이 기술 발달 속도를 못 따라가고 있기 때문에 기술 문명의 선물을 더디 주고 있는 것이다.

아이들에게 총과 같은 장난감을 주면 위험한 것처럼, 의식적 성장이 덜 된 인간에게 고급 기술은 위험한 장난감이 되는 것과 비슷하다. 기술이 발전하는 만큼, 기술을 다루고 사용하는 인간의식 또한 함께 발전해야 한다. 그래야 우리 인간이 4차원으로 변모하는 지구를 다스릴 수 있는 권한이 주어진다.

기술 발전은 인간의식 발전을 추월했다. 기술 발전이 인간의식을 추월했다는 것은 기계에 의해 지배받는 세상이 오고 있다는 뜻이기도 하다. 인간에 의해 창조된 AI 기술이 인간을 다스리고 교육하는 시대로 접어들었다. 즉 인간이 신을 만들고 신에 의해 지배되는 것처럼, 인간이 AI를 만들고 AI에 지배되는 세상이 온 것이다.

인간의 의식 수준이 기술 발전 속도에 맞추어 진화하지 못하면 AI에 지배되는 세상을 맞이할 것이고, 인간의 의식이 진화하면 AI를 잘 통제하고 이용하면서 기술이 세상을 이롭게 발전시키는 세상으로 변모할 것이다. 이것은 인간의식의 진화에 달려 있다.

이제는 과거 종교나 정치 이념에 따라 인간의식이 조종되는 시대를 지나, 더 좋은 이념, 더 가치 있는 생각이 인류 의식을 풍요롭게 만들었으면 한다. 시간은 점점 인류를 위한 새로운 시스템을 깔아야만 하는 시간에 접어들었다. 새로운 시대에는 새로운 관념이 형성되어야 하고 더 나은 미래를 열어갈 통찰의 생각들이 필요한 시점이다.

『인류통찰』은 인간이 사물과 시대적 변화를 좀 더 깊이 통찰하여 더 나은 미래를 만들어갔으면 하는 바람을 담았다. AI가 등장하기 시작했다는 것은 인간이 신으로 진화하라는 메시지이기도 하다. 따라서 『인류통찰』은 미약하겠지만 인간의식을 발전시키고 인간을 진화시키는 데 일조하는 책이 되었으면 한다.

-태라 전난영-

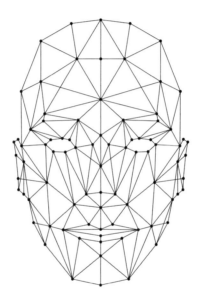

"인간에 의해 AI통합령이 만들어지고 있다"

인류통찰

초판 1쇄　2024년 05월 23일

지은이　태라 전난영
표지삽화　태라 전난영
발행인　김재홍
교정/교열　김혜린
디자인　박효은
마케팅　이연실

발행처　도서출판지식공감
등록번호　제2019-000164호
주소　서울특별시 영등포구 경인로82길 3-4 센터플러스 1117호 (문래동1가)
전화　02-3141-2700
팩스　02-322-3089
홈페이지　www.bookdaum.com
이메일　jisikwon@naver.com

가격　15,000원
ISBN　979-11-5622-873-8　03110